Doris Gerstendörfer Die Frauen vom Berg oder Hohe Zeit für Empfindungen

Doris Gerstendörfer

DIE FRAUEN VOM BERG

oder

Hohe Zeit für Empfindungen

mit Zeichnungen von
Walter Gemm

dr. ziethen verlag
Oschersleben

Das Buch entstand mit freundlicher Unterstützung
der IKK Sachsen-Anhalt.

Dieses Buch widme ich mit innigem Dank den lieben Menschen, die mir nach meiner schweren Erkrankung uneigennützig und treu zur Seite standen.

Vorwort

Immer mehr Menschen erkranken an der Geißel unserer Zeit - an Krebs! Auch ich, die Verfasserin der vorliegenden, ganz aus dem Herzen kommenden Gedanken, gehöre dazu. Aus eigenem Erleben weiß ich daher nur zu gut um die körperliche und seelische Verfassung der Betroffenen. Fünf Jahre habe ich bislang einen Kampf gegen die scheinbar endgültige Tatsache geführt - erfolgreich, wie ich hoffen kann! Noch nie zuvor habe ich das Leben so bewußt gesehen wie in dieser Zeit!

Das verdanke ich in erster Linie meinem eigenen steten Bemühen um seelisches Gleichgewicht. Auf diese Weise konnte ich reichlich Erfahrungen sammeln im Umgang mit der bösen Erkrankung.

In diesem Buch habe ich versucht, sie auch anderen aufgeschlossenen Menschen zugänglich zu machen - solchen, die sich direkt angesprochen fühlen müssen, aber ebenso denen, die echtes Verständnis aufzubringen bereit sind.

Beim Aufschreiben meiner Gedanken habe ich in wachsendem Maße eine wohltuende Erfahrung für mich verbuchen können: Ich wurde innerlich immer freier, der Druck wich Stück um Stück und so ist es auch geblieben. In das Buch sind zugleich die Erfahrungen anderer Frauen eingeflossen, insofern ist das literarische Ich nicht grundsätzlich mit der Autorin gleichzusetzen.

Mögen sich die Leser - so wie ich - die Worte Rainer Maria Rilkes verdeutlichen:

„Ich lebe mein Leben in wachsenden Ringen,
die sich über die Dinge ziehn.
Ich werde den letzten vielleicht nicht vollbringen,
aber versuchen will ich ihn!"

Frühjahr 1995 — Doris Gerstendörfer

Ich lehnte noch immer meinen Oberkörper zum Waggonfenster hinaus, als sich der Zug längst schon in Richtung Süden bewegte. In der Ferne stand Frank, er ähnelte einem kleinen Kind. Er hatte mich unbedingt zum Bahnhof bringen wollen, hatte es immer so getan. Diesmal fiel es mir schwerer als sonst. Die letzte Zeit hatte uns innerlich zusammengeschweißt. Es war meine plötzlich auftretende schwere Krankheit, die dies bewirkte, und die uns jetzt erst einmal trennte.

Auf Anraten meines Arztes fuhr ich nun doch zur Kur, einer Maßnahme, von der man sich einiges versprach. Ich sollte mich erholen, neue Kraft schöpfen, meine ramponierten Widerstandskräfte ein wenig ins rechte Lot rücken. War mir klar, daß dies alles sehr nötig war? Wollte ich eigentlich die kommende Zeit erleben? Nach all den Jahren anstrengender Berufsarbeit, aufopferungsvoller Erziehung meiner Kinder, vor allem aber nach aufreibenden inneren Zerwürfnissen und seelischen Strapazen war es eine quälende Frage, ob dieses Ziel für mich zu erreichen sei.

Ein Blick durch das helle Zugfenster machte mich darauf aufmerksam, daß nach langer dürftiger Winterzeit der Frühling Einzug gehalten hatte. Wie herrlich breitete sich die erwachende Natur vor mir aus, wie zart und einfühlsam lag da ein frischer grüner Rasen wie ein feiner Teppich vor meinen Augen hingebreitet! Sollte es möglich sein, daß es auch in mir einen neuen Frühling geben könnte? Zeigten mir vielleicht die frisch ausgetriebenen Zweige der Bäume und die in diesem Jahr zum erstenmal in den Lüften jubilierenden Vögel, daß es immer wieder einen neuen Beginn gibt, daß es sich lohnt, dafür zu kämpfen? Warum erkannte ich das alles in diesem Augenblick? Was taten sich für wunderbare Dinge um mich herum?

Ich war wohl in den letzten Wochen und Monaten zu sehr mit dem traurigen Zustand meines Körpers und meiner wunden Seele beschäftigt, war mit unzähligen Arztbesuchen und den sich daraus ergebenden zermürbenden Therapien eingedeckt. Trotzdem - ich nahm es als wohltuendes positives Vorzeichen für die unmittelbar vor mir liegende Zeit von Kurmaßnahmen und Behandlungen!

Auf diese Weise mit mir und den rapide in mein Leben eingreifenden Ereignissen beschäftigt, näherte sich, fast unbemerkt, der Zug dem Zielbahnhof. Im gleichen Moment, in dem ich versuchte, meiner Koffer Herr zu werden, stand eine junge Frau auf, offensichtlich war auch sie am Ende ihrer Reise angekommen. Mein Blick hatte sie vor etwa einer Stunde kurz wahrgenommen. Sie machte den Eindruck auf mich, als wäre sie tief in Gedanken versunken, und ich sprach sie deswegen nicht an. Eben schreckte sie auf, bemühte sich, dem Ausgang zuzueilen.

In diesem Augenblick konnte ich eine betroffen machende Gemeinsamkeit zwischen uns feststellen: Wir waren von auffallend dünner Gestalt, und es fiel uns schwer, die Last des Gepäcks zu beherrschen. Trug sie einen Haarersatz auf dem Kopf? Ich konnte mich nicht bremsen, dieser Vorstellung nachzugehen. Neugierig schaute ich die jungen Frau näher an und sah mich in meiner Vermutung bestätigt. Und noch eines war uns beiden auf dem ersten Blick anzusehen: Unsere Gesichter waren blaß und besorgt. Wo lagen bei ihr die Gründe dafür, so jung zu sein und doch diese unglückliche Ausstrahlung zu haben?

Als ich sie wenige Stunden später wieder traf, gewann ich an Klarheit. Sie war, genau wie ich auch, an der Geißel unserer Zeit erkrankt, vor der alle große Angst haben, die jeder am liebsten verdrängt: K r e b s !

Auf dem Bahnhofsvorplatz hatte sich, während ich meinen Beobachtungen nachging, eine größere Gruppe von Frauen versammelt, in ihrer Mitte ein Herr mit einem Schild in der Hand. „Kurheim Bergeshöh" konnte ich darauf lesen. Wir also wollten die nächsten Wochen und Monate gemeinsam durchleben.

Wie würde die Zeit werden? Was könnte ich lernen von ebenso Betroffenen? Wieviel an Kraft würde ich zurückerobern können? - Die gemeinsame kurze Busfahrt verlief schweigsam. Nichts war von dem sonst überschäumenden Stimmengewirr einer Gruppe von reisenden Frauen zu hören! Nur einer wollte uns die Situation leichter machen, der witzeerzählende Fahrer des Busses.

Wieder ertappte ich mich dabei, wie meine Augen ins Weite schweiften, wie ich in Gedanken zu versinken glaubte. Als sich in näherer Entfernung ein landschaftlich idyllisch gelegener Berg den Blicken auftat, umgeben von herrlichem Wald und zartgrünen Wiesen, kehrte ein Hauch der Freude in mein Herz zurück. Hier würde ich mich mit Sicherheit wohlfühlen, hier könnte ich die fehlende Zuversicht wenigstens zu einem Teil zurückerobern.

Meine Erwartungen täuschten mich nicht, denn mitten auf dem bewaldeten Berge lag das Kurheim: Klein, gemütlich, mit einer durch und durch angenehm positiven Ausstrahlung. Wie schön, ja wie sinnvoll, daß gerade hier viele lebenswichtige Anstrengungen unternommen werden sollten!

Ich sehe noch heute die den Berg aufwärtsstrebende Gruppe Frauen in glücklich oder unglücklich zweifelnder Stimmung. War dieser mühevolle Weg symbolisch anzusehen? Wie und in welcher Verfassung würden wir ihn eines Tages abwärtsschreiten? Ich wollte darauf achtgeben.

Die kleine, sehr reinliche Empfangshalle nahm uns, die wir in der nächsten Zeit zu Gast sein durften, freundlich auf. Auch das zur Begrüßung herannahende Personal - es waren Schwestern und Küchenkräfte - kam uns mit einer aufmunternden Heiterkeit entgegen. Der Heimleiter selbst hatte nach jahrelanger Erfahrung alles Organisatorische erfreulich schnell im Griff.

Das mir zugeteilte Zimmer, unter dem Dach abseits von jedem auftretenden Lärm und eventueller Unruhe gelegen, war zwar spärlich eingerichtet, machte aber dennoch sofort einen gemütlichen Eindruck auf mich. Das Fenster hatte man weit geöffnet, von draußen gelangten einige Sonnenstrahlen in den Raum, der von angenehmer Wärme und guter Luft gefüllt schien.

Bevor ich begann, meine persönlichen Dinge in die dafür vorgesehenen Schränke einzuordnen, warf ich einen langen Blick nach draußen. Welch wunderschöne Entschädigung für den mühevollen Aufstieg bis unter das Dach! Vor mir erstreckte sich eine unendliche Weite hinweg über die Wipfel der Bäume des Berges, dazu warme Sonnenstrahlen über dem Land - das alles machte mich in meinem Inneren glücklich. Ja, diese Wärme und Weite, sie hatte ich unendlich nötig! Ja, ich wollte leben, wollte etwas dafür tun, wollte die immer wieder auftretenden Krisen besser, vielleicht sogar gänzlich in den Griff bekommen!

War nicht allein dieser Blick aus dem Fenster hier oben in der stillen Beschaulichkeit diesen Entschluß wert? - Ich riß mich los von den beflügelnden Gedanken, widmete mich meinen kleinen anfallenden Aufgaben im Zimmer.

In diesem Moment öfffnete sich die Tür, herein kam eine Schwester, die mir meine künftige Zimmerpartnerin anmeldete. Erst jetzt bemerkte ich ein zweites Bett im Raum. Ich bekam zu hören, daß meine Zimmergesellin jünger als ich sei, aber ähnlichen Interessen und Neigungen nachgehen würde. Selbst unsere Berufstätigkeit, wenn sie indessen leider auch eine längere Zeit hinter uns lag, sollte uns gut miteinander auskommen helfen. Das freute mich im Inneren, alles paßte offensichtlich in diesem Hause wunderbar zusammen.

Aber waren da nicht schon wieder Augen, in denen sich Fragendes, Anrührendes spiegelte? Warum mußte ich ständig in anderer Menschen Augen sehen? Oder hatte meine Wahrnehmungskraft aufgrund einer anstrengenden Reise für heute nachgelassen? Alles würde sich schon finden! Jetzt öffnete sich ein zweites Mal die Zimmertür.

Diesmal war es nicht die nette Schwester, die mir etwas mitzuteilen hatte. Nein, auf mich zu bewegte sich in langsamen, eher vorsichtigen Schritten die angekündigte Mitbewohnerin.

Ein Schreck fuhr augenblicklich in meinen Körper! Gleichzeitig gab ich mir wohl den inneren Befehl, keine unüberlegten Reaktionen von mir zu geben. Vor mir stand die junge Frau aus dem Zugabteil.

Ich mußte verarbeiten, daß ich eine Person erblickte, der weit weniger Kräfte als mir geblieben waren. Sie stellte sich als Ilona vor und käme aus Wittenholz. Mehr war erst einmal nicht von ihr zu erfahren. Unter Kraftanstrengung legte sie die mitgebrachten Kleidungsstücke ab, um sich dann sofort in ihr Bett zu begeben.

In meinem Kopf jagten sich die Gedanken - einer nach dem anderen. Grübelnd setzte ich mich an den gemeinsamen Tisch inmitten des noch immer sonnendurchfluteten Zimmers.

Ich war mit mir allein, wie so oft in den vergangenen Jahren. Nur jetzt nahm ich diesen Zustand positiv, ja sogar als wohltuend hin. Ich hatte inzwischen gelernt, Alleinsein als etwas Wichtiges und Schönes zu begreifen, es nicht mehr als eine Zeit der Resignation und der Tränen zu nehmen! Mit Genugtuung darüber nahm ich mir erneut fest vor, an diesem persönlichen Gewinn nicht rütteln zu lassen, mich nicht auf meinem Weg zu neuer Lebenslust und weiterer Zuversicht behindern oder gar unterkriegen zu lassen! Wie schwer das alles bisher für mich war und mit welchen Problemen ich auch zukünftig zu ringen haben würde, das konnte ich glücklicherweise just nicht vollends durchschauen!

Die gleichmäßigen Atemzüge Ilonas taten mir gut, ließen mir noch breiteren Raum für weitere Streifzüge in die hinter mir liegende seelische Vergangenheit. Mit Sicherheit würde diese auch während der vor mir liegenden Zeit der Erholung und des Kräftesammelns eine beeinflussende Rolle zu spielen haben!

Ich war neugierig darauf, wie es den anderen Betroffenen ging, wie diese mit ihrer schrecklichen Erkrankung und ihrem seelischen Leiden fertig wurden. Ja, ich muß es noch einmal betonen, ich wollte Augen und Ohren offenhalten, um Neues zu erfahren, um vor allem daraus persönliche Lehren zu ziehen! So eingestellt, vernahm ich den einladenden Klang eines Gonges zum gemeinsamen Mittagsmahl.

Der Speisesaal, im Erdgeschoß gelegen, nahm mich ebenso freundlich auf, wie es bereits vor mehreren Stunden die heimisch wirkende Empfangshalle getan hatte. Eigentlich nahm ich das schon wie selbstverständlich hin. An angenehme Dinge gewöhnt man sich zu schnell. Momentan beschäftigte mich entschieden mehr das nähere Kennenlernen der Frauen, die vorhin auffallend still den Berg hinaufgewandert waren. Ich hoffte sehr auf die Erfüllung meiner großen Erwartungen.

Mein Platz befand sich an einem weiß eingedeckten runden Tisch, in dessen Mitte ein bunter Frühlingsstrauß duftete. An ihm hatten bereits drei Damen Platz genommen. Mein Blick ordnete sie unterschiedlichen Altersgruppen zu. Überhaupt war festzustellen, daß die übrigen Patientinnen verschiedenen Alters waren, wie ich später erfuhr, von 23 bis 70 Jahren - eine Feststellung, die mir in Wünschen und Vorstellungen gelegen kam.

Die Mahlzeit wurde schweigsam eingenommen, von einem sonst üblichen Geplaudere konnte auch jetzt kaum die Rede sein. Eine jede war viel zu sehr mit sich und der bevorstehenden Zeit befaßt. Erst als sich nach dem Essen ein finster wirkender Arzt vorstellte, las ich in vielen Gesichtern erwartungsvolle Spannung. Von unserem Vertrauen zu ihm hing viel ab.

Meinem ersten Gefühl nach stand ein harter Mann vor uns. Wußte er mit kranken Seelen umzugehen? Sah er nicht in uns lauter Organe, die es zu heilen bzw. zu kräftigen galt? Bemerkte er in mir nicht auch nur den Fall der an Krebs erkrankten Brust, den durch diese Krankheit befallen Darm einer anderen oder den halben Magen meiner Tischnachbarin ...? Ich hoffte, daß sich meine in verschiedenen Krankenhäusern gesammelten Erfahrungen, die teilweise auch negativ waren, hier nicht bestätigen würden. Nein, ich durfte nicht gleich in Zweifel ausbrechen, mußte und wollte positiv denken. Immerhin hatte ich vor kurzer Zeit von der Tatsache gehört, daß sich eine große Anzahl von Medizinern bemühen würde, die ihnen anvertrauten Patienten als ganzen Menschen zu sehen. Demnach waren sie ebenso für die Gesundheit der Seelen zuständig. Endlich schien ein langgehegter Wunsch von mir Wirklichkeit zu werden! Es war an der Zeit dazu!

Als ich einige Stunden später mein Dachgeschoßstübchen zur Nachmittagsruhe betrat, fiel mir auf, daß Ilona es vorgezogen hatte, in unserem Zimmer, ja, sogar im Bett zu bleiben. Ich nahm dies als Anlaß, sie darauf anzusprechen. Es schien mir ein unverfänglicher Moment zu sein.

Nur sehr mürrisch bekam ich eine Antwort, die im Grunde genommen gar keine war. Sie mochte sicherlich keine Kontakte aufnehmen, hatte ihre Gründe dafür. Mehr Erklärungen schien die in mir sich breitmachende Müdigkeit zu verbarrikadieren. Schnell noch ein Blick aus dem Dachfenster, den konnte man mir nicht nehmen! So genoß ich die erste Ruhe in diesem Hause. Wie erstaunlich, daß ich Erholung finden konnte, daß mich sogar für ein halbes Stündchen der Schlaf überkam! Das war sehr angenehm. Leider war es mir in den letzten Zeiten selten vergönnt, geregelte Nachtruhe zu finden. Ich litt an erheblichen Schlafschwierigkeiten, an Einschlafstörungen. Deshalb war ich froh, wenn ich ohne die von einer Neurologin verordneten Beruhigungs- oder gar Schlaftabletten auskam.

Während der nachmittäglichen Zusammenkunft aller angereisten Gäste mit dem Heimleiter und einigen Mitarbeitern wurden uns der Ablauf und alle sonstigen Vorhaben der anstehenden nächsten Wochen erläutert. Mir schien, es würde eine abwechslungsreiche, anstrengende Zeit auf uns warten.

Freudig vernahm ich die Mitteilung, daß eine im Hause praktizierende Psychologin zu unserer Verfügung stehen würde. Ich wußte, bei ihr würde ich mir Rat holen, wenn ich einmal nicht allein aus der Klemme kam. Nie wieder wollte ich mich in einer Sofaecke verstecken! Das lag doch glücklicherweise hinter mir, und noch einmal war ich nicht scharf darauf. Meine Erkenntnis war ich bereit weiterzugeben, erhoffte aber von den Mitleidenden manche Erfahrung und viele Anregungen.

Ich sah mich vorsichtig in der Runde der Frauen um. Dies war leicht zu handhaben, denn wir hatten auf Stühlen Platz genommen, die man vorher zu einem Kreis zusammengestellt hatte. Später sollte sich dieser Umstand noch öfter für mich als nützlich erweisen. Auf diese Art konnte ich mit Leichtigkeit die Gesichtszüge und Augenausdrücke aller Beteiligten wahrnehmen, ohne dabei als unangenehmer Beobachter aufzufallen. Und was nicht übersehen werden sollte, auch meine eigenen Empfindungen und Eindrücke konnten aufgenommen werden.

In erster Linie interessierten mich daher die angekündigten Gruppenstunden. Ich überlegte, was sie mir an persönlichem Gewinn bringen würden. Was wäre in dieser Runde wichtig zu sagen oder zu hören? Nun, ich mußte mich gedulden, schließlich sollte es nach Andeuten des Arztes um persönliche Erfahrungen im Umgang mit unserer bösartigen Erkrankung gehen.

Ja, und darüber spricht man nicht so einfach, denkt lieber selbst nach. Heute weiß ich längst, daß diese stille Methode von vornherein nahezu zum Scheitern verurteilt ist! Nein, nur im Gespräch mit Mitmenschen, am besten mit ebenso Betroffenen, ist es möglich, Erfahrungen weiterzugeben und an Kraft aufzubauen.

Ich entschied mich für die Teilnahme an den geplanten Gesprächen in der Gruppe. Ilona konnte ich nicht dazu gewinnen.

Überhaupt war sie nicht nur mir gegenüber verschlossen. Ich vermutete, daß sie erst am Anfang ihrer innerlichen Konflikte nach Bekanntwerden der scheußlichen Krankheit stand, daß sie den schwierigen Lernprozeß des Annehmens dieser Tatsache noch lange nicht hinter sich gebracht hatte.

Darum verübelte ich ihr das trotzig erscheinende Schweigen nicht. Ich nahm mir vor, die Gelegenheit abzuwarten, in der auch sie sich zu einem befreienden Gespräch bereitfand. Als Zimmernachbarinnen mußte das eher möglich sein. In meinem Inneren quittierte ich mit Freude das mir entgegenbrachte Vertrauen der Heimleitung. An dieser Aufgabe würde ich wachsen können! Meine Gedanken kreisten bald immer wieder mit wechselnden Ergebnissen um Ilona und meine Haltung ihr gegenüber. - Mit mehreren Frauen und deren Problemen war ich indessen vertraut, Ilona aber wollte nicht aus sich herauskommen.

In der Nacht hatte sie schon mehrmals laut aufgeschrien. Sie wurde von anstrengenden Träumen, vielleicht sogar von Alpträumen geschüttelt. Für mich war erneut eine Zeit ausgebrochen, in der ich fast keinen Schlaf fand, obwohl ich mich intensiv dem autogenen Training widmete. Ilonas Schreie brachten mich aus der Fassung, machten mir Angst. Daher entschloß ich mich, sie beim nächsten Mal zu wecken.

Schon in der folgenden Nacht wurde dies nötig. Sie sprach zunächst in unverständlichen Satzfetzen, dann nach fortwährendem Umherwälzen und lautem Stöhnen rief sie, ganz klar zu verstehen: „Ich habe Angst, Aaangst!" - Mir war, als hätte ich, zwar undeutlich gesprochen, den Namen Rolf vernommen. Ich rüttelte sie, so gut ich konnte. Ilona erwachte aus ihren anstrengenden

Träumen. Beide fanden wir in dieser Nacht keine Ruhe mehr. Aber ein erstes längeres Gespräch konnten wir miteinander führen - befreiend vor allen Dingen für sie, auch ein wenig für mich. Ich gelangte zu der Überzeugung, daß wir zwei uns noch viel geben könnten, erste wohltuende Anzeichen waren nicht zu übersehen.

Ich deutete es als Fortschritt, als meine Zimmernachbarin am nächsten Tage freiwillig an einer kleinen Wanderung zur Erkundung unserer näherer Umgebung teilnahm. Zwar war deutlich erkennbar, daß ihre Kräfte auf dem Heimweg nicht mitspielen wollten. Aber immerhin dankte sie es ihrem eigenen Willen, der sie ermunterte durchzuhalten.

Wie mühselig erschien danach das Ersteigen des Berges, woran keine von uns vorbeikam! Am Ende aber hatten wir es alle geschafft, ob nun aus eigenen Kräften oder mit Hilfe einer etwas Stärkeren, wie sie auch Ilona zuteil wurde. War das als gutes Omen zu verstehen? Jetzt hatte ich einen Punkt gefunden, über den ich versuchen wollte, mit ihr im Gespräch zu bleiben, es zu vertiefen. Aussprechen, ja, immer wieder aussprechen, das war es auch vor wenigen Jahren bei mir, was Erleichterung verschaffte und mein Herz zu öffnen begann.

Nach dem Abendessen widmete ich mich einem Buch aus der hauseigenen Sammlung. Ein lustiges sollte es sein, hatte ich dem Mitarbeiter geantwortet, weil dieser mich nach meinen Wünschen fragte. Als ich mich in einen gemütlichen Sessel fallen ließ, spürte auch ich, wie wenig Kräfte mir nach dem langen Tage zur Verfügung standen. Ja, da war sie, die wiederkehrende anstrengende Schlappheit in meinem Körper, die mich so manchesmal verzweifeln ließ ... Sicher, oftmals hatte ich mich körperlich erheblich schlechter gefühlt in der Vergangenheit, aber heute war ich doch sehr enttäuscht darüber.

Mit müden Gliedern, den Kopf voller vielschichtiger Gedanken, erhob ich mich aus dem Sessel. Ich wollte zeitig zu Bett gehen, vielleicht meinte es der Schlaf doch einmal gut mit mir. Ilona war schon im Zimmer. Ihre trübe Stimmung konnte ich ihr sofort ansehen. Wie würde sie die kommende Nacht überstehen?

Ich glaube, wir fürchteten uns beide davor. Unweigerlich ging mir mein Anliegen durch den Kopf: Ich wollte doch mit ihr ins Gespräch kommen. Aber wie?? - War jetzt der geeignete Moment dazu? Die Antwort ergab sich von allein: Nicht ich sprach Ilona an, sondern sie mich. Es geschah, als sie, frisch geduscht, aus dem Waschraum zurückkam. Ich hatte mich bereits in mein Bett gekuschelt, als ich ihre Stimme vernahm: „Sag mal, hast Du auch so häufig Angstgefühle nach Deiner Erkrankung?" Während dieses einen Satzes war ihre Stimme deutlich schärfer geworden, ihr Gesicht zeichneten innere Anstrengung und Zweifel, ob es richtig sei, diese Gedanken zu äußern.

Und welche Angst ich ausgestanden hatte, und noch immer ausstehe ...! Schnell gab ich ihr diese ehrliche Antwort, ich hatte Bedenken, sie würde sich erneut verschließen.

Zunächst verhallten meine Worte. Erst dann, als ich sehen konnte, wie sehr sich Ilona mit ihnen auseinandersetzte, faßte ich mir ein Herz: „Weißt Du, es tut gut, sich über diese kraftraubenden Zustände zu unterhalten. Allein kommt man damit schwer zurecht. - Wir alle haben mit Sicherheit Angst. Man muß lernen, damit umzugehen. Angst, ist meine Meinung, gehört auch zum Leben. Das kann ich sagen, weil meine Krankheitsgeschichte schon ein paar Jahre eher begann. Ich habe alle sich bietenden Gelegenheiten genutzt, um sie in Grenzen zu halten, um wieder sinnvoller leben zu können. Und ich bin auch in Zukunft bemüht, die Erfahrungen anderer Frauen für mich zu nutzen."

Mich befiel das unangenehme Gefühl, viel zu lange geredet zu haben. Schließlich brauchte Ilona keine Predigten von mir, ein einfaches und ehrliches Gespräch sollte es werden.

Verunsichert schaute ich in ihr schmales Gesicht. Ich konnte keine Ablehnung entdecken. Darum sagte ich ihr schnell, wie wunderbar ich dies fände. Ich wollte den mühselig vorbereiteten Dialog zwischen uns nicht kaputtmachen. Eine innere Stimme riet mir, ihn fortzuführen - und zwar in diesem Augenblick, in den nächsten Minuten oder gar Stunden. Vor mir saß eine junge hübsche Frau mit gequältem Gesichtsausdruck, verzweifelt. Ich wollte ihr helfen.

Aber war ich dazu in der Lage - mit meinem wenigen Wissen? Reichten meine eigenen Kräfte aus, um entsprechend stark zu sein? Oder kam in mir die ehemalige Lehrerin hoch, die so vielen jungen Menschen jederzeit mit Rat und Tat gerne zur Seite stand? Ich fand es angebracht, Ilona gegenüber meine Zweifel zu äußern. Sie hatte diese längst richtig gedeutet und sprach mir zu meinem Erstaunen eifrig Mut zu.

Jetzt war die Situation soweit gediehen, daß ich es wagte, Ilona einen geeigneten Vorschlag zu unterbreiten. Bevor ich erneute Bedenken entwickeln konnte, hörte ich mich selbst fragen: „Was hältst Du davon, wenn wir uns gegenseitig unsere Lebensgeschichte erzählen würden?"

Nach einigen Momenten des Abwartens und des Überlegens kam eine ablehnende und doch überdenkenswerte Antwort: „Ich bin nicht dazu bereit, denn ich kann nicht verstehen, wie damit Angst und seelisch schwerwiegende Probleme in vernünftige Bahnen gelenkt werden können." Ich deutet an, daß Gespräche zwischen gleichbetroffenen Menschen wahrlich dazu führten, sich freier und verstandener zu fühlen. Ich erwähnte ferner, daß ich diese Erfahrung selbst erlebt hätte und sehr dankbar für diese Möglichkeit wäre.

Diesem Gedanken setzte ich erst einmal keinen anderen hinzu, obgleich meine Seele voll davon war. Ich wollte abwarten, wie sich Ilona jetzt entschied. Mir war auch die Entscheidung sehr schwer gefallen, mit fremden Menschen über mein tiefstes Inneres zu sprechen, es wie einen Mantel vor ihnen auszubreiten.

Ihrem Gesichtsausdruck nach konnte ich auf verhaltene Zustimmung hoffen. Das wäre für mich die beste, weil auch die ehrlichste Entscheidung gewesen. Konnte ich damit rechnen? Nach meinem Dafürhalten war Ilona eine intelligente, aber vom Leben enttäuschte junge Persönlichkeit, der nun die schlimme Krebserkrankung schier unüberwindbare Probleme einbrachte. Wie gut konnte ich mich in sie hineinversetzen!

Ilona entschied sich für einen Austausch unserer Erfahrungen. Ja, es kam noch besser: Sie wünschte sich, als erste ihre Gedanken vortragen zu dürfen. Ich nahm mir vor, gut zuzuhören und viel Verständnis aufzubringen, konnte ich mich doch genau erinnern, wie wohltuend eine solche Haltung sein kann.

Ilona

Noch an dem beschriebenen Abend und tief in die Nacht hinein vernahm ich Ilonas ausführlichen Bericht aus ihrem Leben. Noch heute kann ich ihre Stimme nachvollziehen. Noch heute bewegen mich ihre ganz persönliche Darstellung der Krankentage, die wahnsinnige Enttäuschung über ihren Rolf, der böse Unfall eines ihrer Schulkinder.

Wir hatten eine Kerze angezündet, draußen war es längst dunkel geworden. Ihr Schein verbreitete ein warmes Licht im Zimmer, niemand würde uns in unserem Dachstübchen stören. Das Licht der Kerze ließ Ilonas Gesicht gesund und zufrieden aussehen, als sie zunächst stockend, wenig später fließend erzählte.

Es war leicht, ihr zu folgen, sich in sie hineinzuversetzen. Sie verfügte über einen umfangreichen Wortschatz. Ihr Ausdruck war gekennzeichnet von wirkungsvollen Vergleichen, der Inhalt emotional geladen. Meine eigene Müdigkeit war indessen verflogen und vergessen.

Zum Zeitpunkt des Berichtes war Ilona 28 Jahre alt, vor ihrer Erkrankung hatte sie sechs- bis zehnjährige Mädchen und Jungen unterrichtet - und zwar an ihrem Heimatort, wo sie auch bei den Eltern ein Zimmer hatte. Besonders gerne führte sie die ihr anvertrauten Kinder in die Kunst des Zeichnens und Malens ein.

Zeichnen und Malen - das war sowieso ihre Welt. Hier konnte sie ausdrücken, was ihre Seele bewegte, was ihr gefiel. Schon frühzeitig fand Ilona ein enges und gutes Verhältnis zur Natur und zu allem, was damit in Zusamenhang zu bringen ist. Es reute sie auch nicht im geringsten, noch bei ihren Eltern zu wohnen, hatte sie doch ein ausgesprochen harmonisches Verhältnis zu ihnen. Die Welt einfach in bester Ordnung für sie - und das Glück schien vollkommen, als sie Rolf, einen aufstrebenden Journalisten kennen - und bald danach lieben lernte! Leider sollte sich dieses so schöne und Erfüllung bringende Leben bald rapide verändern. Ich möchte Ilonas Absturz besser von ihr selbst erzählen lassen, denn nur sie allein hat ihn so erlebt und durchlebt.

Sie begann, in sich auf ihrem Stuhl zusammengekauert, die Füße bis an den Hals gezogen, alle Gesichtszüge angestrengt: „Weißt Du, wie sehr Du im Recht bist, wenn Du meinst, daß Aussprechen und Besprechen im Leben von enttäuschten und kranken Menschen eine gewichtige Rolle spielen können? Ich möchte es und muß es am eigenen Leibe erleben. Es ist wunderbar, daß Du mir dabei helfen möchtest! Dir gegenüber konnte ich meine Beklemmungen abbauen. Dir möchte ich mich anvertrauen.

Mein Leben wurde bislang nach sehr glücklichen Jahren jäh durch drei harte Schläge aus der Bahn geworfen. Ich bin in großem Zweifel, ob ich es jemals noch in die richtige Schiene zurücklenken kann.

Vor nunmehr zwei Jahren nahm alles seinen unglücklichen Anfang. Es war im Winter. Der Leiter meiner Schule hatte plötzlich einen Wandertag angesetzt. Es hatte frisch geschneit. Ich war von der Idee hell begeistert, konnte ich doch meinen 24 Kindern die Schönheit der verschneiten Wälder begreiflich machen und sie gleichzeitig mit Wintersport erfreuen.

Nach einer ausgiebigen Wanderung erholten wir uns zwischendurch bei Kakao und Kuchen in einem Gasthof. Dort hatte ich für meine Kinder Plätze bestellt, wohlwissend, daß sie es anschließend auf den in der Nähe liegenden Hügel zum Schlittenfahren treiben würde. - Hätte ich nur diesen Einfall nicht gehabt! Ich hatte eine wichtige Voraussetzung außer acht gelassen, die einem meiner Schüler zum Verhängnis werden sollte. Nachdem wir schon über eine Stunde lang den Abhang hinuntergerodelt waren, drang vollkommen unerwartet ein durch Mark und Bein gehender Schrei an meine Ohren! - Ein Schüler, er gehörte erst seit einer Woche zu uns, war wie wild den Abhang hinuntergesaust und hatte anscheinend die Kontrolle verloren über sich und den großen Schlitten. Hals über Kopf fuhr er in ein schnell herannahendes Auto hinein. Es gab keine Rettung mehr, auch wenn ich mir noch so sehr die Augen und Ohren zuhielt! - Der erst achtjährige Junge verstarb auf dem Weg ins Krankenhaus. Jede Hilfe kam zu spät.

Kann jemand ermessen, kannst Du ermessen, was in meinem Inneren geschah? Ich konnte es selbst nicht. Ich war seitdem wie erstarrt, konnte mich aus dieser Lage nicht befreien, fühlte mich schuldig und böse. Lange Zeit war mir so, als wäre ich selbst nicht mehr am Leben, wollte es auch gar nicht mehr sein.

Den Gang zu den Eltern des Kindes erlebte ich wie in Hypnose. Wie würden sie auf meine schreckliche Nachricht reagieren? Wie sollte ich mit ihnen sprechen, was sollte ich ihnen sagen?

Völlig zermürbt und mit Schuldgefühlen trat ich zunächst vor den Vater des Jungen. Und dann bekam ich von diesem Sätze zu hören, die ich nie vergessen kann: ‚Sie haben uns und vor allem unserem Sohn eigentlich einen großen Gefallen getan, uns noch mehr Kummer und Sorgen erspart, denn der Junge hatte Krebs im fortgeschrittenen Zustand. Sehr bald sollte er operiert werden, anschließend sich den verschiedenen Behandlungen unterziehen.

Dazu war es sowieso zu spät. So aber hatte er mit Ihnen und seiner Klasse noch ein paar schöne Stunden.'

Alles hätte für mich danach gut sein können, niemand klagte mich an. Die Kollegen in der Schule schwiegen vor sich hin. Meine Eltern unterstützten mich moralisch, wo sie nur konnten. Ich aber hatte beständig das kleine Grab des Jungen vor Augen, dessen frühen Tod ich mir allein vorwarf.

Fertig werden konnte ich auch nicht mit der Reaktion des Vaters, der in dem Unfall eine Möglichkeit sah, einer schlimmen Krankheit die Chance zu nehmen! Bisher fand ich jeden Tag im Leben eines Menschen lebenswert. Du mußt wissen, seit damals beschäftigte mich immer wieder diese Erkrankung, die fähig ist, derartige Ansichten in einem Vater hervorzurufen. Ich ahnte nicht, daß sie mich selbst so schnell ergreifen würde! Ich besaß auch keinerlei Vorstellung davon, wie sich dann mein Leben verändern würde!

Auf jeden Fall war es die Arbeit, in die ich mich stürzte, die mir ein wenig Ablenkung brachte. Meine Eltern hatten mir geraten, die bereits abgelegte Diplomarbeit aus der zurückliegenden Studienzeit erneut in die Hand zu nehmen. Sie erinnerten mich daran, daß mich mein Betreuer aufmerksam gemacht hatte, daß mit Fleiß und weiteren Studien umfangreicher Literatur daraus eine Doktorarbeit werden könne. Damals fand ich dazu nur ein Lächeln, aber in dieser schrecklichen Situation ergriff ich die Idee wie ein Ertrinkender einen Strohhalm. Schnell fand ich mich in den Stoff hinein und konnte weitere Erfolge verbuchen.

Interesse an dem Thema zeigte auch ein junger Journalist, der erst kürzlich in die kleine Stadt gekommen war. Fast jeden Nachmittag sahen wir uns, um uns intensiv mit dem Thema meiner Studien auseinanderzusetzen. Ein Streit um verschiedene Ansichten und Auslegungen konnte uns nicht entzweien. Er verstand, mich zu überzeugen, mich zu korrigieren. Kurz, er trug ganz entscheidend zum Fortgang meiner Darlegung bei.

Bald bemerkte ich, daß mir unsere Zusammenkünfte lieb geworden waren, ja, sie fehlten mir, sollten sie einmal nicht möglich sein. In den Nächten sehnte ich mich nach dem Klang von Rolfs dunkler Stimme. Du kannst Dir sicherlich denken, daß aus unserer Beziehung mehr wurde als ein gutes funktionierendes Arbeitsteam. Wir hatten uns ineinander verliebt und zwar bis über beide Ohren! Rolf half mir in dieser schönen Zeit hinweg über mein schweres Versäumnis während des Wandertages im Winter. Ich fand zu neuer Freude am Leben, war überglücklich. Wir wurden uns einig: Er zog zu mir, unsere gemeinsamen Pläne nahmen Gestalt an. Wir wollten das zukünftige Leben zu zweit verbringen, eine Familie gründen. Für mich gab es nur meinen Rolf, für Rolf gab es nur mich!

Was konnte uns Schöneres auf dieser Welt passieren?! Die Hochzeitsreise sollte uns einmal ans Meer führen. Darüber waren wir beide schnell im klaren, malten diese Zeit in den schönsten Farben aus. Alles war unendlich gut, alles war unendlich schön! War es das wirklich? Heute muß ich gestehen, daß es das nicht war, daß alles ein einziger Irrtum gewesen sein mußte."

Ilona hatte ihren Bericht bislang ohne jegliche Unterbrechung dargeboten. Nur ein- bis zweimal hatten mich ihre im Kerzenlicht so wunderbar schimmernden braunen Augen kurz angeschaut, als wollte sie sich vergewissern, ob ich ihr auch zuhörte, ob ich sie verstehen könnte. Ich zog es vor, sie anzulächeln, sie damit zu ermutigen.

Die Nacht war weit fortgeschritten. Um uns und in mir spürte ich noch immer eine selten wohltuende Ruhe, durch das dunkle Fenster sahen ein paar Sterne in das kleine Stübchen hinein. Ich reckte meinen Körper in die Höhe, als wollte ich ihn für weitere seelisch anstrengende Empfindungen vorbereiten. Ilona bedurfte ebenso einiger Minuten des Ausruhens, des inneren Klarwerdens der ihr ureigenen Gefühle. - Ich hatte mich schon auf ein unschönes Ende ihrer Liebe zu Rolf eingestellt und überlegte, wie es hatte kommen können.

Die Erzählerin entschied sich anders, auf den Mann mochte sie momentan nicht weiter eingehen. Wie ich einschätzen konnte, gab es Gründe dafür. Darum ließ ich mir meine Überlegung nicht anmerken. Ilona war zu tief mit sich selbst beschäftigt, um davon Kenntnis zu nehmen.

Schnell erfaßte ich noch einmal die müde wirkende Gestalt mir gegenüber. In der augenblicklichen Lage schienen sich die Abläufe in ihrem Kopf zu überschlagen. Jawohl, offensichtlich würden ihre weiteren Ausführungen einen Höhepunkt seelischer Belastungen beinhalten. Dieses Gefühl verband uns beide, wie ich zu erahnen fand. Ich drückte heimlich meinen rechten Daumen. Diese Geste sollte, wie so oft, Hilfestellung sein - für mich, um durchzuhalten, um Ilonas Selbstdarstellung zu verkraften.

Eines stand fest: Nach Rolf zu fragen, mußte jetzt ein großer Fehler sein. Ich konnte sie tief durchatmen hören, dann begann Ilona. Die Pause hatte ihr gut getan, denn in ihre Worte war der bisher anhaftende Schwung zurückgekehrt.

„Erwarte bitte nicht von mir, im folgenden all das vollständig zu erfahren, was ich durchleben, durchleiden mußte! Wenn ich mich damit befasse, und das passiert nahezu täglich, wird mein Herz übervoll. Mein Innerstes scheint sich umzudrehen. Dann fehlen mir so manches Mal die rechten Worte. Ich versteinere, möchte weinen, aber meine Tränen sind versiegt."

O, diesen Zustand kannte ich genau, und ich ließ es Ilona durch ein Kopfnicken wissen. Sie fuhr fort: „Heute möchte ich erstmalig meinem schweren Herzen Luft machen, ich fühle deutlich, daß es sein soll. Du mußt dazu wissen, als ich vor etwa sechs Jahren meinen Dienst im Schulwesen begann, machten mich befreundete Kollegen öfter darauf aufmerksam, daß ich blaß aussehen und sogar an Gewicht verlieren würde. Ich gab nichts darauf, lachte nur über deren Äußerungen. Ich bin nicht der Typ, dem sein Erscheinungsbild wichtig erscheint. Für mich zählen andere Dinge im Leben: Echte Freunde zu haben oder solche zu gewinnen, betroffenen Mitmenschen zu helfen, Vertrauen zu erhalten und selbst auszustrahlen, um Ehrlichkeit bemüht zu sein... .

Meiner Mutter, zu der mich seit eh und je ein sehr herzliches Verhältnis verband, mußte mein körperliches Befinden ebenso aufgefallen sein. Sie ließ nicht locker, schickte mich zu unserem Hausarzt. Dieser, übrigens ein erfahrener, vertrauenerweckender Mediziner, überwies mich schnell zu einem Internisten. Meinen fragenden Blicken gab er zur Antwort: ‚Ich halte diese Maßnahme für wichtig und möchte Sie daher bitten, sich alsbald mit meinem Kollegen in Verbindung zu setzen!'

Hatte er eine bestimmte Ahnung? Das frage ich mich heute, damals jedoch hielt ich ihn für übereifrig und vorsichtig. Du ahnst sicher, was dann der Besuch beim Facharzt an das Tageslicht brachte. Das Resultat umfangreicher Untersuchungen lautete: Krebs! - Ein großer und vier kleine bescheidene Buchstaben warfen mich und mein Leben so urplötzlich um! Die genaue Diagnose, ich wollte sie eigentlich gar nicht hören, lautete Brustkrebs. Hatte er auch mich erwischt, so einfach in mein Dasein eingegriffen? Warum ich???

Hinwegdrängen dieser und vielerlei ähnlicher Gedanken - das war mein allererster Versuch, mit der schrecklichen Mitteilung fertigzuwerden. Ja, und Du wirst es mir glauben müssen, ganze drei Tage konnte ich damit leben, zumindest bei der Erledigung der anstehenden Aufgaben. In den Nächten sah es anders aus: Von Schlafen konnte kaum die Rede sein. Viel zu schlimme Dinge hatte ich hier und da gehört über die Krankheit. Ich kannte zahlreiche Todesfälle nach so einer Diagnose. Also waren die Ärzte noch immer nicht in der Lage, ihren Kampf gegen solcherlei Störung im Organismus des Menschen als Gewinner zu beenden! -

Meine Eltern weihte ich alsbald ein, ihren bohrenden Blicken konnte ich nicht länger aus dem Wege gehen. Sie taten mir leid, ihr Leben verlief in den letzten Jahren beneidenswert glücklich. Aus dieser Lage riß ich sie nun heraus. Wie nicht anders erwartet, sprachen mir beide viel Mut zu, es gäbe auch im Kampf gegen diese Krankheit bereits ansehnliche Fortschritte. - Was hätten sie mir sonst auch sagen können?

Rolf vertraute ich mich erst am letzten Abend an. Schon am nächsten Morgen hatte ich mich in der chirurgischen Abteilung unseres Krankenhauses zu melden. - Er reagierte nüchtern, in seinem Gesicht konnte ich die Muskeln spannen sehen. Große Worte fand er nicht. Er käme mich besuchen, das war es dann auch. Wie diszipliniert er sich zeigte, wie männlich sicher! Es war schön, daß er mir die bevorstehende Zeit ein wenig leichter machen wollte!

Damit könnte ich mich abfinden, meinte die eine innere Stimme in mir, die andere jedoch versuchte ich zu verdrängen. Sie gab mir Zweifel auf, zu deren Klärung ich mich nicht bereitfinden mochte.

Einen Tag nach der Aufnahme fand in den frühen Morgenstunden die erste Operation in meinem Leben statt. In einem aufklärenden Gespräch war ich davon in Kenntnis gesetzt worden. Zeit zur Beruhigung der aufgebrachten Nerven blieb nicht, wie hätte ich sie gebrauchen können! Man teilte mir sachlich mit, daß man während der Operation entscheiden würde, ob der Chirurg die von Krebs befallene Brust abnehmen werde oder nicht.

Weißt Du, an diese Möglichkeit hatte ich bislang mit keiner Silbe gedacht. Ich erinnere mich noch genau, daß ich ein gequältes ‚Nein' von mir gab, damit schob man mich aus dem Zimmer in mein Bett zurück. Hier landete ich dann fassungslos! Mit meiner frischoperierten Bettnachbarin mochte ich nicht sprechen, obwohl sich diese mehrmals an mich wandte. Nein, Neugier zu befriedigen, das konnte es jetzt nicht sein! Und selbst bei ehrlichem Mitgefühl fehlte mir jede Bereitschaft zu einem Gespräch.

Nur mit Rolf allein mochte ich reden, von ihm erwartete ich nun doch Zuspruch und Anteilnahme. Er würde seinen Arm um mich legen und mir ein Gefühl der Wärme und Zuversicht verleihen, mit Sicherheit! Zweifel? Wie war ich nur darauf gekommen? Wie sehr belog ich mich! - Rolf kam nicht. Ein Telefonanruf schützte Zeitmangel vor. War das möglich? Ich weiß nicht mehr, wie oft ich an diesem endlosen Abend an das Fenster flog, in der Hoffnung, er käme doch noch. Eine große Kraft hätte er in mir freisetzen können! Daß ich viel Kraft brauchen würde, sagte wenige Minuten später eine hübsche Krankenschwester zu mir. Sie schickte mich zu

Bett. Auf meinem Nachtschrank lag eine Schlaftablette, die sollte ich bald einnehmen. Wie gut, daß man daran gedacht hatte!

In der kommenden Nacht übermannte mich wider Erwarten ein fester Schlaf. Noch ehe der neue Morgen heraufdämmerte, weckte mich unsanft die Unruhe der Krankenstation, und sie übertrug sich auf mich. Ich wusch mich hastig, von Körperpflege, die ich sonst reichlich genoß, nahm ich nichts wahr. Alles vollzog sich wie hinter einer dichten Nebelwand. Ich drohte vor innerer Unruhe zu zerplatzen.

Als die Schwester mit einer Beruhigungsspritze erschien, fühlte ich mich erleichtert. Was mir nun bevorstand, kannte ich nicht aus eigener Erfahrung. Die Spritze tat ihr Übriges. Die Vorbereitungen auf die Operation ließ ich über mich ergehen. Dann fuhr man mich in einen dafür vorgesehenen Raum. In diesem Augenblick schlug mein Herz heftig, mich regten die hin und her eilenden Ärzte und Schwestern hinter ihren grünen Masken auf. Ich fühlte mich verlassen von der ganzen Welt. Niemand fand ein Wort für mich. So kam es, daß mir Tränen über die Wangen liefen. Ein Arzt ließ mir Zeit, mich zu finden. Mit einer aufgeregten Patientin hätte er auch nichts anfangen können.

Vom Operationsraum habe ich noch die hellgrüne Farbe der Zimmerdecke in Erinnerung. Weil ich nichts von den Dingen um mich herum wahrnehmen wollte, starrten meine Augen unaufhörlich dorthin. Eine Zimmerdecke war es dann auch, mit der ich mich alsbald von neuem beschäftigte. Diesmal war es die über meinem Bett auf der Station der frischoperierten Patienten, und sie verschwand immer wieder vor meinen Augen. Es dauerte eine Weile, bis ich mich in meine Lage hineinfand.

Die Stationsschwester machte mich wissen, daß alles hinter mir liegen würde, alles wäre gut gegangen! Sie konnte nicht ahnen, daß ich bereits wußte, daß die Ärzte sich für eine Amputation meiner Brust entschieden hatten. Weißt Du, gleich nach dem Aufwachen aus der Narkose hatte sich meine linke Hand, wie von einer Ahnung getragen, mit großer Vorsicht dorthin vorgetastet, wo mir ein riesiger Verband die Luft abzuschnüren schien. Ja, dieser Verband war nicht nur groß und unförmig - er umspannte auch einen sehr flachen Oberkörper. -

Die kommenden Tage auf der Station verlebte ich nachdenklich. Rolf hatte nur etwa zehn Minuten an meinem Bett gestanden. Ich war vor Erschöpfung immer wieder eingeschlafen. Das veranlaßte ihn, das Krankenhaus ziemlich schnell zu verlassen. Du ahnst indessen, daß er damit nicht nur die Station, sondern ebenso mich verlassen hatte.

Heftige Rückenschmerzen, ich soll während der Operation viel Blut verloren haben, nahmen meine Aufmerksamkeit in Anspruch. Sie konnten mich dennoch nicht von meinen furchtbaren Zweifeln an Rolf abhalten. Ich brauchte ihn so dringend, wollte seine Stimme hören und in seine Augen schauen! Er hatte doch in unseren glücklichen Zeiten von Zusammenhalten und gegenseitiger Hilfe überzeugend gesprochen.

Nach Verlassen des Krankenhauses, ich kehrte in mein Elternhaus zurück, war ein kleiner Brief das letzte Lebenszeichen von Rolf. Er sollte meinen Hoffnungsschimmer begraben. Darin befand sich eine knappe Mitteilung von seiner Versetzung an eine bekannte Tageszeitung einer Großstadt, von der Chance, die er nutzen wollte. Nichts stand da geschrieben von unserer Liebe zueinander, von unseren gemeinsamen Zukunftsplänen, auch keine Entschuldigung. Wenigstens diese hatte ich trotz allem erwartet! Glaub mir, heute ist mir klar geworden, daß ich einem durch und durch egoistischen Menschen auf den Leim gegangen war. Er hat mich nur benutzt, die Bequemlichkeiten mitgenommen. Nun würden andere auf sein schönes falsches Gesicht hereinfallen."

Abermals trat eine längere Pause ein. Ich, die Zuhörerin, nahm diesen erholsamen Momenten nicht ihre Wirkung und schwieg. Aus dem Dialog war ohnehin ein Monolog geworden, der, so hoffte ich, von befreiender Wirkung für Ilona werden konnte.

Die Kerze, indessen weit heruntergebrannt, spendete nur noch wenig Licht. Es würde bald Morgen werden. Ich hörte Ilona sagen: „Trotz liebevoller Zuwendung meiner Eltern konnte ich mich körperlich wenig erholen. Wären doch nur nicht diese seelischen Qualen gewesen! Als sich eines Abends meine Mutter mit unruhigen Bewegungen an mein Bett setzte, wußte ich, daß sie mir noch mehr davon bereiten würde. Sie suchte nach Worten. Es mußte mit Rolf zusammenhängen, dachte ich mir, und es war dann auch so. Nun hatte er nicht einmal meine Eltern unverschont gelassen!

Ich ließ sie wissen, daß ich auf unangenehme Dinge gefaßt sei und bat sie, möglichst schnell das Ganze hinter uns bringen zu wollen. Was ich dann zu wissen bekam, setzte allerdings allem Vorhergehenden die Krone auf!

Rolf war von meiner Mutter erkannt worden, als er sich aus meinem Zimmer mit einigen seiner Sachen unbemerkt entfernen wollte. Die Arme war ja gänzlich ahnungslos! - So sah sich Rolf wohl oder übel gezwungen, ein paar Worte der Erklärung zu stammeln. Er setzte sie kurz davon in Kenntnis, daß er ausziehen und den Ort verlassen werde. An ein Dankeschön seinerseits war nicht zu denken. Und im übrigen wolle er in Zukunft nicht mit einem Krüppel ins Bett gehen ...! - Meiner Mutter mußte es den Verstand geraubt haben. Nie werden wir beide bis an unser Lebensende diesen tief demütigenden Satz vergessen!!

Etwas Schlimmeres kann einer Frau nicht passieren!!!

Ich weinte an diesem Abend, bis mir die Tränen versiegten. Später empfand ich eine unbändige Wut in mir. Ja, da kamen ebenso Zorn und Verzweiflung hoch, eine andere Verzweiflung, wie ich sie in meinem Krankenbett zu spüren bekommen hatte. Ich fühlte, wie ich nach den Gegenständen meines Zimmers griff. O, wäre ich im Besitz gesunder Kräfte gewesen, jetzt hätte ich sicherlich einige von ihnen zerschlagen! So schien es besser, mich in Gewalt zu nehmen, mich zu beherrschen."

Ilona hielt inne zur Entspannung, zum Luftholen, zur Beherrschung eben. Erst dann fuhr sie gefaßter fort: „Weißt Du, daß ich unserer Gesellschaft einen großen Teil der Schuld an Rolfs Entscheidung gegen mich zuschiebe? Nein, das weißt Du nicht!" Sie sah mich eindringlich an, ohne eine direkte Antwort von mir erwarten zu wollen. „Ich möchte nicht noch einmal jene häßlichen Wörter in meinen Mund nehmen, zu denen Rolf imstande gewesen ist!"

Das brauchte sie auch gar nicht, denn seine Äußerung, er würde nicht mit einem Krüppel ins Bett gehen, hatten sich ohnehin in mein Gedächtnis eingenistet - an einer Stelle, wo ich mir ein großes rotes Ausrufezeichen vorstellte.

Nachdem mich Ilona wiederholt angeschaut hatte, ob ich ihr auch wirklich folgen könnte, setzte sie erneut mit erhobener Stimme zu weiteren Erklärungen an: „Ja, ich gebe unserer geldgierigen

Gesellschaft tatsächlich schuld!" - Worauf wollte sie hinaus, fragte ich mich. Und sie holte zu einer längeren Antwort aus: „Sieh Dir die vielen bunten, für jedermann erreichbaren Zeitschriften an! Was findest Du in Ihnen? Schöne junge Frauen mit noch schönerem runden Busen! Betrachte Dir die unzähligen Werbefilme genau, die tagtäglich auf uns einwirken! Was siehst Du in ihnen? Schöne junge Frauen, kerngesund, meist ist ihr pralles Oberteil nicht zu übersehen! Lies einige der unzähligen billigen kleinen Schundromane! Was wirst Du darin erfahren? Schöne, verliebte junge, vor allem aber gesunde Mädchen und Frauen sind es, die am Happyend beteiligt sind! Kranke oder gar Behinderte fallen durch das Sieb hindurch, für sie bleiben Kummer und Tränen als Alternative.

Findest Du das okay? - Ich meine, das alles ist eine Diffamierung der Frauen insgesamt. Und ganz zu schweigen von den vielen Filmen in Kino und Fernsehen, wo Frauen oder Mädchen weiter nichts als Sexsymbole darstellen! - Ja, ich wehre mich dagegen, und ich hätte das auch getan, wenn ich gesund geblieben wäre, wenn man mir nicht die Brust abgeschnitten hätte!"

Das klang glaubhaft, aber auch verbittert. Ich bestaunte Ilona, so hatte ich sie noch nicht kennengelernt. Mit erhobenem Gesicht und lautergewordener Stimme hörte ich sie: „Hat man ganz und gar vergessen, daß die weibliche Brust der Natur nach ein Organ zur Ernährung des menschlichen Nachwuchses ist? Ich könnte ausrasten, wenn ich daran denke, daß es allein das Geld ist, allein das Geld, das man als Verursacher der demütigenden Darstellung von Frauen ansehen muß! Mit der Abbildung schöner Frauen und ihrer weiblichen Rundungen läßt sich offenbar eine ganze Menge davon verdienen! - - -

Auch Kinder und Jugendliche bleiben nicht verschont, ich habe sie oft genug mit entsprechenden Bildern auf dem Schulhof und in der Straßenbahn stehen sehen. Wundert es Dich also noch, wenn gegenüber Frauen solche Meinungen erkennbar werden, wie ich sie leider bei Rolf habe verkraften müssen? - Ich würde ein Gesetz schaffen, das uns besser schützt vor solchen Auswüchsen!"

Während der letzten Worte hatte sich Ilona wieder so ereifert, daß ihr das Blut zu Kopfe stieg. Sie hatte das selbst bemerkt und suchte nach einer Entschuldigung. Ich wollte sie nicht hören, sah ich doch in dieser Reaktion eine positive Wendung ihrer Verfassung! Sie mußte lernen, seelischen Streß abzubauen, wie auch ich dies begreifen mußte, bevor es mit mir langsam wieder aufwärtsging!

Es war zu spüren, daß der Bericht einen Höhepunkt überschritten hatte. Ilona sah jetzt angegriffen aus. Die Erinnerungen zerrten an ihr und sie hatten mich sehr berührt und mitgenommen. Ich fühlte mich schlapp und es war mir nicht ungelegen, daß meine Gefährtin zügig zum Schluß kommen wollte: „Du weißt selbst, welche Behandlungen sich nach einer Brustkrebsoperation anschließen können. Mir jedenfalls wurde keine davon erspart. Ich mußte durch all das hindurch, was die moderne Medizin in ihrem momentanen Stand zu bieten in der Lage ist.

Zunächst wurde ich bestrahlt. Ich glaube, es waren über 60 Behandlungen an der Zahl, und die ersten davon konnten mir scheinbar nichts antun. Gegen Schluß, als sich die bestrahlte Haut rötete und pellte, als das rohe Fleisch zum Vorschein kam, und die Bestrahlungen trotzdem fortgesetzt wurden, sah das alles anders aus. Mit den kranken Zellen würden leider auch gesunde vernichtet, hatte mir die Röntgenassistentin erklärt. Sie riet mir, in dieser Zeit besonders viel Obst zu mir zu nehmen, das würde meine Widerstandskräfte stärken. Zum anderen müßte ich mein Trinkpensum erheblich vergrößern, bis zu mindestens zwei Liter am Tage.

Mit den Bestrahlungen waren körperliche Anstrengungen verbunden. Immer häufiger ermüdete ich, auch die Dir so unangenehme Schlappheit bemächtigte sich meiner. Es galt, sich auszuruhen, mit den Kräften hauszuhalten. Dies konnte ich mit einer gewissen Gelassenheit. Anders, ganz anders verhielt es sich mit meiner Psyche! Nur schrittweise gelang es mir, Rolf aus meinem Gedächtnis zu streichen. Wie hatte ich deswegen an mir zu arbeiten! -

Du wirst bemerkt haben, daß ich mich kaum direkt mit unserer schlimmen Erkrankung beschäftigt habe. Ich mußte sie damals zu meinem eigenen Erstaunen verdrängt haben. Jedenfalls finde ich heute keine andere Erklärung dafür.

Und als ich diese unglaubliche Erfahrung machte, war ich über mich selbst erschrocken. War denn so etwas überhaupt möglich, ich war an Krebs erkrankt, war zum Zeitpunkt der Feststellung scheinbar am Ende angekommen, und nun hatte mich erst einmal der Verlust meiner Brust voll in Anspruch genommen!

War vielleicht Rolfs miese Äußerung daran schuld? Ich muß es Dir anvertrauen: In jener Zeit fand ich mich nicht bereit, meinen ungleichen Oberkörper anzusehen, geschweige mich so anzunehmen, wie ich seit der Operation nun einmal war. Vor dem morgendlichen und abendlichen Waschen verhängte ich alle Spiegel, die mir hätten gefährlich werden können. Ich kam mir entsetzlich häßlich vor, einer Aussätzigen gleich. Heute schäme ich mich wegen dieser Ansichten. Heute ist mir ganz etwas anderes wesentlich wichtiger: Werde ich es schaffen, die Krankheit zu besiegen, oder muß auch ich mich, wie vor mir so viele, auf ein frühes Ende meines Lebens vorbereiten?

Mit der anschließenden Chemotherapie nahm ich den weiteren Kampf auf. Ich hatte mich dazu bereitgefunden, hatte die vielen widersprüchlichen Meinungen darüber verarbeitet. Auf jeden Fall könne diese agressive Form der Behandlung mein Leben verlängern, so hatte ich in Erfahrung gebracht. Vielleicht hatte ich nach längerer Pechsträhne mal wieder Glück. Zwei bis fünf Jahre Leben vor sich zu haben, es intensiver als je zuvor zu nutzen, schienen mir alle Mühe wert! So nahm ich die Unannehmlichkeiten der Chemotherapie in Angriff. Ich muß Dich nicht näher darüber aufklären, Du hast sie selbst überstehen müssen.

Du kennst die Nächte, in denen alle inneren Organe gegen das Medikament zu rebellieren scheinen, in denen der Körper aus allen Öffnungen mehr von sich gibt, als man sich vorstellen kann. Und hat man ein wenig Abstand gewonnen, wird man erneut durch ein flüssiges Medikament gequält. -

Die Zeit zwischen den einzelnen Therapien nutzte ich zur Erholung aus. Ich will damit sagen, daß mein Dasein dadurch bestimmt wurde. Ich wollte es meinern Körper so leicht wie möglich machen. Ich ging an frischer Luft spazieren. Ich nahm regelmäßig Obst zu mir, ich trank reichlich Gemüsesäfte und hielt feste Schlafzeiten ein.

Und noch eines finde ich unbedingt erwähnenswert: Es war bedeutsam für mich, daß ich versuchte, durch aktives Ablenken meine Lage besser in den Griff zu bekommen.

Lesen fiel mir schwer, weil die Gedanken immer wieder fortschweiften, also hörte ich die Musik, die mir Freude brachte. Ich betrachtete es als Gewinn, als mir nach einigen vergeblichen Versuchen meine Hände nicht mehr ihren Dienst versagten, und ich schöne Geburtstagskarten entwerfen und herstellen konnte.

Ich sprach mit Leuten, die mir etwas zu geben in der Lage waren. Mitleid konnte ich nicht gebrauchen.

Soweit war ich mit mir zufrieden. Wenn nur nicht die schlaflosen Nächte gewesen wären! Sie enthielten Stunden, die ich bislang nicht für möglich gehalten hatte. Gegen meinen Willen überfielen mich fast in jeder Nacht schwere Gedanken, die mich am Einschlafen hinderten, die mich zum Grübeln veranlaßten.

Ja, und dann waren da Spannungen in der Kopfhaut und in den Fingernägeln. Ich wußte längst, daß Patientinnen vor mir als Folge der Chemotherapie ihre Haare und manchmal auch die Nägel verloren hatten. Ich rechnete notgedrungen ebenfalls damit. Schon bald war mein Kopfkissen voll von ausgefallenen Haaren. Von meiner eigenen Haarpracht blieb nicht viel übrig, ich mußte mich um Ersatz bemühen.

Das klingt im Moment sehr sachlich, als hätte mir das alles nur wenig ausgemacht. Aber es stimmt nicht. Der Verlust meiner Haare machte mir zusätzlich klar, daß ich von einer sehr bösartigen Krankheit befallen war.

Alle Spiegel in der Wohnung blieben zugehängt, ich mochte mich nicht sehen. Spazierengehen empfand ich als Plage. Ich hatte Angst, Menschen zu begegnen, auf ihre Fragen antworten zu müssen. Ich beneidete andere junge Frauen um deren Gesundheit, gönnte sie ihnen nicht. Viele Tage kam ich aus meiner Zimmerecke nicht heraus. Hier war ich sicher vor der Welt, bis hierher konnten mitleidige Blicke nicht vordringen. Mein Innerstes schien ausgebrannt, jede Lebenslust erloschen. O, das war eine verdammt schlimme Zeit, in der ich von Stimmungswechseln überfallen wurde! Zum Arzttermin nahm ich jedesmal ein Taxi, damit huschte ich durch die Straßen - unbemerkt, wie ich hoffte.

Die medizinischen Behandlungen, aber auch mein seelischer Zustand führten schließlich zu größerwerdendem Gewichtsverlust. Ich fühlte ständig einen unangenehmen Kloß im Hals. Im übrigen war ich zerschlagen, ohne Kraft und Saft. Und wie Du längst erkannt hast, sitze ich heute in dieser Verfassung vor Dir.

Die Kur wurde mir nach Beendigung der Behandlungszeit nahezu aufgezwungen. Meine Eltern baten mich so inständig darum, daß ich dem Vorschlag des Arztes nachgab. Schließlich setzte ich mich in den Zug und bin hier in der herrlichen Umgebung angekommen. Aber was soll das alles für mich?"

Jetzt sah Ilona zu schwarz. Das hatte sie nicht nötig. Mehrmals war mir während ihrer Beschreibung aufgefallen, ja, sie hatte es sogar geäußert, daß sie sich nicht unterkriegen lassen mochte. Ich beeilte mich, ihr meine Unterstützung erneut anzubieten. Die Stimmungsschwankungen hielt ich für verständlich.

Als wir zu Bett gingen, war von der Nacht nicht mehr viel übrig. Nur noch kurze Zeit stand zu unserer Erholung zur Verfügung. Es wurde ein Ausruhen, zum Schlafen fanden wir nicht. Ich sagte zu Ilona, daß ich eine Idee hätte, womit ich sie überraschen wolle. Dann endlich nahm uns die Ruhe der ersten Morgenstunden gefangen.

Der neue frühe Tag war nach meinem Geschmack, ich liebe den zeitigen Frühling. Nach dem Aufstehen erkannte ich zuerst die abgebrannte Kerze auf dem Tisch. Sie erinnerte mich an Ilonas nächtliche Schilderung. Sie schlief nun doch fest, hatte diesen Schlaf sehr nötig.

Ich nahm die Gelegenheit wahr, um einen Blick aus dem Fenster zu werfen. Es lag Frieden über dem Land, und es würde ein schöner Tag werden, der jetzt noch in den Kinderschuhen steckte.

Ilona hatte sich unbemerkt Bett erhoben und war hinter mich getreten. Ich deutete mit einer Handbewegung auf das wunderschöne Bild der Landschaft hin. Als die ersten Sonnenstrahlen darüber hinwegfluteten, konnte sich auch sie dem Reiz der Natur nicht entziehen. Ich öffnete weit die beiden Fensterflügel, so daß uns ein warmer Luftschwall ins Gesicht fiel. Beide kosteten wir diese Augenblicke aus, wir genossen sie, ohne große Worte darüber zu verlieren. Wie sympathisch mir das meine Zimmernachbarin machte!

Nun konnte ich ihr meine Idee aus der Nacht darlegen. Ich war sicher, nicht auf Ablehnung, sondern auf Zustimmung zu stoßen. Ich unterbreitete ihr meinen Gedanken, den Reiz der ungetrübten Natur im Bild festzuhalten - und ich meinte damit kein Foto, das man einfach mit irgendeinem Apparat herstellen konnte. Nein, mit bescheidenen künstlerischen Fähigkeiten sollte ein Gemälde entstehen. Würde sich Ilona dazu entschließen können? - Sie war dabei, und zwar mit ihrem ganzen Herzen!

In unserer Freizeit verfielen wir in einen kleinen künstlerischen Wettsteit um das schönere Bild. Ich muß gestehen, daß ich mir viel von ihr absehen konnte. Sie arbeitete mit Öl, ich verwendete einfache Schulmalfarben. Eines aber hatten wir glücklicherweise gemeinsam: Die Stunden unserer schöpferischen Betätigung taten uns gut, brachten unser Seelen zum Schwingen.

Am Butterberg
19/VI. 55

Nach dem gemeinsamen Frühstück lud der Kurarzt alle Frauen in einen Versammlungsraum ein. Dr. Michaelis trug einen strahlendweißen Kittel, darunter entdeckte ich eine blaue Jeans sowie ein gelbes T-Shirt. Das Haar sehr gepflegt, hatte er halblang wachsen lassen. Sein Gesicht machte keinen finsteren Eindruck mehr auf mich. Der Mann hatte eher eine positive Ausstrahlung, zu meiner Erleichterung stellte ich das fest. Meine Abgespanntheit hatte mir wohl am Tage unserer Anreise einen bösen Streich gespielt.

Wir Patientinnen nahmen Platz in der Stuhlrunde, erwartungsvoll sahen wir einander an. Mit Genugtuung ging ich einer alten Gewohnheit nach: Ich betrachtete gründlich den Raum, in welchem wir uns oft aufhalten würden. Ich zog Rückschlüsse auf die Menschen, die ihn eingerichtet hatten und überlegte mir, welche Wirkung er auf die anderen Patientinnen erzielen könnte.

Mir fielen sogleich die zahlreichen üppigen Grünpflanzen auf. Sie dominierten und fügten sich trotzdem harmonisch in das Gesamtbild ein. Hier waren Pflanzen unterschiedlicher Arten und Größen geschmackvoll zusammengestellt worden. Hatte die Hauspsychologin einen Anteil daran? Schließlich ist Grün die Farbe der Hoffnung, wie man zu sagen pflegt. „Grün, ja grün sind alle meine Kleider" singen schon kleine Kinder mit Eifer, eine Landschaft ohne Grün mochte ich mir gar nicht erst vorstellen!

In einer Ecke des Zimmers war eine bunte Couchgarnitur aufgestellt. An der Wand hingen sechs Bilder unter einem Regal voller Bücher. Es blieb Zeit zum näheren Betrachten, mein Interesse dafür ließ mich auf sie zugehen. Ich schaute auf Zeichnungen und Gemälde unterschiedlicher Techniken. Die meisten von ihnen zeigten Landschaften, Blumen, ein Tierbild war auch dabei. Das mochten Erinnerungsstücke ehemaliger Heiminsassinnen sein. Ob sie auf diese Weise ein Stück Lebensmut gewinnen konnten?

Das letzte Bild in der Reihe zog mich länger in seinen Bann: Ein Frauenkopf mit wirrem Haar und traurigem Gesichtsausdruck vor einem undefinierbaren Hintergrund war darauf zu sehen. Am unteren Bildrand las ich in kleiner bescheidener Form: In Dankbarkeit! Ihre Bettina W.. Hatte sich damit eine meiner Leidensgefährtinnen befreit von anstrengenden inneren Gefühlen? Ich konnte es annehmen, wußte ich doch um die wundersame Wirkung schöpferischer Tätigkeiten.

Daß der Raum auch von schöner Helligkeit durchdrungen wurde, schien mir selbstverständlich. Eine weiße Tapete verursachte den Eindruck, wie auch die hellgelben Vorhänge, die man zum Zeitpunkt unserer Zusammenkunft zurückgezogen hatte. Riesige Fenster ließen genügend Licht in den Raum fluten und ermöglichten uns einen Blick auf eine geräumige Terrasse und einen dahinterliegenden gepflegten Park.

Meine Hoffnungen enttäuschten mich nicht: In solch einer Umgebung fühlte ich bereits jetzt Geborgenheit. Dankbar versenkte ich diesen Eindruck in mir, als wollte ich ihn nicht wieder hergeben.

Der Doktor wies uns noch einmal auf das Kurprogramm hin: Aufenthalte an frischer Luft, unterschiedliche Möglichkeiten zu schöpferischer Betätigung und Gruppengespräche mit der Psychologin nahmen den breitesten Raum ein. Ärztliche Untersuchungen waren unausweichlich. Das alles fand sofort meine ungeteilte Zustimmung. Die Frühgymnastik stellte er als Pflichtveranstaltung dar, eventuell hätte ich mich davor gedrückt. Der Doktor kannte eben seine Schäfchen. Platz für persönliche Freizeitgestaltung räumte er uns genügend ein. Auch Ilona schien das gut aufzunehmen. Ich dachte an unsere gemeinsamen Pläne.

Ich hörte Dr. Michaelis eindringlich sagen: „Meine Damen! Bitte denken Sie immer daran, daß Sie hier sind, um sich körperlich und seelisch zu kräftigen. Also, lassen Sie keinerlei Möglichkeit aus, die Ihnen dabei nützlich sein kann! Bewegen Sie sich täglich an frischer Luft - und zwar bei jedem Wetter. Sollte Sie jedoch ein Kummer überkommen, ich bin immer für Sie da - genauso wie Frau Möller, unsere Psychologin, die ich Ihnen wärmstens empfehlen möchte." -

Mit den meisten der Frauen war ich gleich über die Terrasse hinaus ins Freie getreten. Wie herrlich warm die Sonne schon schien! Der Park war nicht groß, jedoch geeignet für eine Frauengruppe unserer Art. Er gehörte direkt zum Heim. Fremde Besucher waren demnach nicht zu erwarten. Er stellte eine kleine Welt für uns dar - eine wertvolle Idee. Das zeitige Frühjahrswetter hatte viele Krokusse und prächtige Primeln erblühen lassen. Ihre kräftigen Farben leuchteten weit über die Rabatten. Schneeglöckchen und Märzenbecher wirkten eher bescheidener, ich mochte sie deswegen seit langem. Meine Veilchen ließen noch auf sich warten, nur ein paar Blättchen kündigten ihr baldiges Erscheinen an. Sogar die Kätzchensträucher standen schon in der Blüte und erweckten neben den noch unbelaubten Lerchen einen jungen Eindruck. Schlanke Birken wuchsen, in Gruppen zusammengefaßt, gen Himmel. Die alten verkrüppelten Kiefern in ihrer Nachbarschaft erschienen dunkel, boten dem Auge dadurch einen reizvollen Kontrast, vorausgesetzt, man nahm ihn auch wahr. Mehrere Sommerwege durchkreuzten diese Idylle. Bei den Baumgruppen führten sie in den Wald hinein und den Berg hinunter.

Wir Frauen fanden uns in kleinen Grüppchen zusammen, mit einer davon strebte ich einer frischgestrichenen Bank entgegen. Allmählich kamen wir uns näher, nahmen Kontakt zueinander auf. Eine Heimbewohnerin hatte sich abgesondert. Sie saß allein auf einer Bank bei den Kiefern. Der Kopf lag auf der Brust, sie sah aus, als würde sie schlafen. Ihren Körper hatte sie trotz der warmen Temperatur in eine dicke Wolldecke gehüllt. Sie würde eigentlich immer frieren, hörte ich sie später äußern. Das war kein Wunder, denn sie stellte das Bild einer schwerkranken Frau dar. 45 Jahre alt schien sie zu sein. In Wirklichkeit hatte sie gerade ihren 38. Geburtstag hinter sich gebracht.

Ein schöner Tag ging langsam seinem Ende entgegen. Ich war zufrieden und glücklich. Mein Herz begann heftig zu schlagen. Freude kann anstrengend sein!

Ich traf Ilona im Dachstübchen, „Vogelnest" hatten wir es genannt. Sie beschäftigte sich mit unseren kleinen Kunstwerken, sah durch das Fenster auf die Landschaft und wieder zurück auf die Blätter. Dabei gab sie selbst ein geeignetes Motiv zum Malen ab. Bald wünschten wir uns eine gute Nacht. Die meiste Zeit lag ich wach.

Einer der nächsten Vormittage führte mehrere Frauen in den Gruppenraum. Frau Möller hatte uns gebeten, von ihrem Angebot Gebrauch zu machen. Ihr Name sei Marlene, so stellte sie sich vor. Sie hätte Psychologie studiert und wäre seit geraumer Zeit in verschiedenen Bereichen tätig gewesen. Im Heim selber wirke sie seit zwei Jahren, und diese Herausforderung würde ihr großen Spaß bereiten, Erfüllung bringen. Von Arbeit sprach Marlene nicht, fiel mir auf. In ihren Augen las ich Lebenserfahrung, noch mehr - Wissen um unseren Zustand. Ich hielt sie für vertrauensvoll, wenn mir auch momentan die Bestätigung dafür fehlte.

Mehrmals schaute ich diese Frau tiefgründig an. Sie konnte nicht wissen, wieviel ich mir von einer Zusammenarbeit versprach, mußte aber meine Blicke bemerkt haben. Ich wähnte, sie hätte mich ebenso ins Visier genommen. Daß wir sie mit ihrem Vornamen ansprechen durften, brachte sie uns augenblicklich näher. War das ein Schachzug von ihr?

Mehrmals schon waren ihre Augen die Runde abgewandert. Ich begriff, daß sie uns möglichst schnell kennenlernen wollte. Mitten unter uns sitzend, jede Belehrung vermeidend, sprach sie deutlich hörbar: „Ich kann mir gut vorstellen, welche Probleme Ihr tragen müßt. Mich hat diese böse Krankheit verschont, und ich hoffe sehr, daß dies so bleibt! Trotzdem möchte ich Euch helfen, wenn Ihr das wollt. Bitte kommt zu mir, in Gruppen oder allein, ganz wie Ihr das für Euch empfindet! Ihr könnt mich zu jeder Zeit ansprechen, ich freue mich darüber und werde nur für Euch dasein." Ihre Worte blieben im Raum stehen. Marlene ließ uns Zeit zum Nachdenken. Ich ertappte mich dabei, wie meine Blicke abermals ihre Gestalt umspannten - groß und schlank erhob sie sich aus dem Stuhl, sah mich fragend an. Dann verließ sie uns.

Zum erstenmal entbrannte eine kleine Diskussion. Jemand sagte: „Was soll das alles? Wie wird sie mir helfen können? Ich muß allein mit der Krankheit leben. Sie kann nicht wissen, welchem Druck ich jeden Tag ausgesetzt bin!" - Andrea, sie saß neben mir, fand eine deutliche Antwort: „Aber Du könntest mit ihr darüber reden, das erleichtert." - „Dann werde ich mich von neuem erregen. Ich bin froh, daß ich meine Probleme in letzter Zeit verdrängen konnte", warf eine andere, mir noch unbekannte Patientin ein. Jetzt hörte ich unerwartet Ilona in die kleine Gruppe sprechen: „Fragt mal nach der Meinung meiner Zimmernachbarin. Sie hat auf diesem Gebiet viele Erfahrungen sammeln können."

Ich nickte dazu und ergänzte bereitwillig: „Es ist so, wie Ilona sagt. Ich kann mir mein Leben unter den gegebenen Umständen ohne die Ratschläge eines Psychologen und Gleichbetroffener gar nicht mehr vorstellen. Ich bin nicht so stark, um mit allem allein fertigzuwerden. Ich mußte mich dazu auch erst überwinden. Seit ich mich zum Aussprechen bereitfinden konnte, geht es mir erheblich besser. Bitte glaubt mir das!"

Mir kam es so vor, als stände Marlene draußen auf dem Flur. Hatte sie unser gemeinsames Gespräch ankurbeln wollen? Dann mußte sie auch zur Kenntnis genommen haben, daß manche der Frauen einfach schwiegen - aus welchen Gründen auch immer. Hätte ich an ihrer Stelle gestanden, ich wäre zufrieden gewesen - erst einmal!

Ich war nicht erstaunt, als sich Marlene erneut zu uns gesellte. „Jetzt habe ich vergessen, in mein Zimmer zu bitten. Ich möchte Euch zeigen, wo Ihr mich antreffen könnt. Bitte folgt mir, falls Ihr das möchtet!."

Wir gingen alle mit. Ich hatte Grund, neugierig zu sein. Psychologen richten ihre und der Patienten direkte Umgebung nach bestimmten Gesichtspunkten ein, glaubte ich zu wissen.

Marlenes Raum - er lag im ersten Stock - erschien mir einmalig. Er hatte weder eine rechteckige noch quadratische Form, nein, er war rund gebaut - ähnlich einem alten Theater. An den Wänden standen ein halbrundes Sofa und viele Stühle. Sie waren glänzend schwarz lackiert, Sitze und Rückenteile kontrastierten dazu in tiefroten Polsterbezügen. Ein dicker Teppich, wie die Wände in Weiß gehalten, würde jeden unerwünschten Laut schlucken. Ein moderner Raum, persönlich eingerichtet, empfand ich.

Ich suchte Bilder und fand sie hinter einem zierlichen schwarzen Schreibtisch, auf ihm leuchtete ein roter Rosenstrauß. Fotografien waren dort, mit schmalen schwarzen Rahmen eingefaßt. „Es könnten Marlenes Kinder sein", meinte Andrea. Grünpflanzen gehörten in diesem Hause dazu, wie bei anderen das tägliche Brot. Es verwunderte mich nicht mehr, daß sie auch hier üppig das breite Fenster umrahmten. Nun fehlte mir noch ein Blick daraus - wohin würde er führen?

Wie sich herausstellte, hatte Marlene von hieraus den Kurpark und den Wald des Berges vor Augen. Dieser schöne Anblick mochte ihr Entspannung bringen, dachte ich, indem ich mich in ihre Lage hineinversetze. Oder konnte es sein, daß die Psychologin diese Möglichkeit nutzte, die Patientinnen bei Aufenthalten im Freien ungestört zu beobachten? Vielleicht würde ich das herausfinden, es interessierte mich.

Vor dem Verlassen der sympathischen Psychologin machte ich noch eine Entdeckung: An der Wand gegenüber dem Fenster hatte Marlene ein größeres Bild angebracht. „Aufschwung" stand bezeichnenderweise darunter, nur ein Wort, und es regte, gerade deswegen, meine kleinen grauen Zellen an. Es könnte Mut machen, und die Bildgestaltung vertiefte diese Wirkung. Der Maler, ich mußte ihn der Moderne zurechnen, hatte mit schwarzem Kohlestift eine Spirale dargestellt - am unteren Rand von relativ kleinem Umfang, nahm sie nach oben an Weite und Ausmaß zu. Ich kannte dieses Motiv, mußte es schon gesehen haben. Lange brauchte ich nicht darüber nachzudenken. Vor Jahren hatte ein Metallgestalter eine Spirale aus Stahl vor einer Schule in Beton gegossen. Ich verstand die Botschaft als Zeichen zunehmenden Wissens der Schüler.

Hier, in diesem Heim, sollte mehr zum Ausdruck kommen: Es war nach meinem Dafürhalten eine positive Darstellung der Zukunft der kranken Heimbewohnerinnen. Wie sich die aufwärtsstrebende, in sich wachsende Spirale vor unseren Sinnen auftat, sollte auch die Kraft der Frauen zunehmen. Dieses schlichte, aber aussagekräftige Symbol wollte ich mir einprägen. Vielleicht half es mir über eine pessimistische Stunde hinweg.

An der Tür wurden meine Blicke noch einmal festgehalten. Direkt neben dem Ausgang konnte ich einen Spruch lesen. Er hing dort an der Wand, mit schwarzer Ausziehtusche in Kunstschrift entworfen. Der Text enthält einen Auftrag, und wie ich noch heute meine: einen schwer auszuführenden. Er beschäftigte mich intensiv.

Spätestens im dritten Teil des Textes stieß ich auf Schwierigkeiten. Von Marlene war in Erfahrung zu bringen, daß dieser Spruch aus dem 18. Jahrhundert stamme und von Friedrich Christoph Oetinger verfaßt worden wäre. Viele Menschen in Krisensituationen des Lebens hatten sich demnach mit seinem Inhalt auseinandergesetzt.

Ich nahm ihn auf in die Sammlung wertvoller Ratgeber:

„Gib mir die Gelassenheit, Dinge hinzunehmen,
die ich nicht ändern kann!
Gib mir den Mut, Dinge zu ändern, die ich ändern kann!
Und gib mir die Weisheit, das eine vom anderen zu
unterscheiden!“

Mit der Frage an mich, für wen diese Gedanken gemeint seien - für Marlene, für uns Frauen oder für die Menschen überhaupt - wandte ich mich an Ilona. „Diese Aufgabe müssen wir alle lösen und sollten wir lernen können, damit umzugehen, wird sie unserem Seelenleben Aufschwung verleihen!" - Ich drückte das Notizbuch fest mit den fünf Fingern meiner rechten Hand, mit der linken klopfte ich Ilona auf die Schulter.

Der Frühling verlockte zum Wandern. Im Programm der kommenden Tage war dafür viel Platz vorgesehen. Dr. Michaelis verlangte, das Wanderpensum angemessen zu erhöhen. Eine Schwester begleitete uns auf allen Wegen - eine Vorsichtsmaßnahme. Sie hieß Ilse und hatte bisher ein humorvolles Wesen an den Tag gelegt. Vor Beginn des gemeinsamen Ausfluges legte sie ihre Schwesterntracht ab, was mir angenehm auffiel. Warum sollten andere Menschen bemerken, daß wir Frauen krank waren?

Unser Weg führte durch den Wald bergab. Wir hatten frohe Stimmung, denn die Luft war wieder angenehm warm und der Wald frisch und gesund. Wären wir ebenso frisch und gesund! grübelte Andrea vor sich hin. Auch sie hatte gesehen, daß sich ein Mitglied von unserer Gruppe abgesetzt hatte. Das mußte Maria sein, die Frau, die immer allein sein wollte. Ich erinnerte mich an das jämmerliche Bild ihrer Gestalt auf der Parkbank.

Die Schwester war zurückgeblieben, um mit Maria zu sprechen, um ihr behilflich zu sein. Eine rauchige tiefe Stimme hörte sie grob erwidern: „Ach, lassen Sie mich doch zufrieden! Ich gehe zurück, das Gegacker der Weiber paßt mir nicht. Mein Kopf hält das nicht aus. Ich will Ruhe, Ruuhe!" Das war deutlich. Maria hatte zum ersten Mal mehr von sich gegeben, seit sie im Heim zu Gast war.

Wo steckten ihre Probleme? Wir alle hatten ja gar keine Ahnung! Schwester Ilse brachte Maria in das Heim, wir warteten im Wald auf ihre baldige Rückkehr. Als sie kam, schien sie angespannt zu sein. Etwas mußte in ihr vorgegangen sein. Die Natur nahm uns diese unschönen Eindrücke. Wir freuten uns an den ersten Frühlingsboten und waren bald am Bergesrand angekommen. Von hieraus konnte man in mehrere sich aneinanderreihende Täler schauen. Ilona sah mich an. Dachte sie auch an den schönen Blick aus dem Fenster unseres „Vogelnestes"? Oder hatte die Landschaft sie zu einem neuen Bild angeregt?

Wir waren ruhig geworden. Dafür sorgte nicht nur das Erlebnis mit Maria. Wir waren müde von der Anstrengung des Laufens und der Freude. Deutlich wurden uns in diesem Moment unsere Grenzen aufgezeigt. Das kannte ich, es war wie ein Gefühl der Ohnmacht. Geschickt bezwang die Schwester die Situation, indem sie uns zu Kaffee und Kuchen einlud. Am Fuße des Berges befand sich ein kleines Dorf, mitten darin der „Krug". Ihn steuerten wir nun mit langsamen Schritten an. Die Wirtin, eine kleine dicke Frau, kam uns freundlich entgegen. Hoffentlich wird es mir nicht auch einmal so gehen! verrieten ihre Augen.

Wir stärkten uns und planten einen anschließenden Spaziergang durch das Dörfchen. Es bestand aus etwa 15 Häusern. Sie lagen zerstreut im Tal und direkt malerisch am Bergesrand, als wollten sie sich dort anschmiegen. Man würde sie malen können. Es würde Freude bereiten. Die Menschen im Dorf, alle meist über die Mitte ihres Lebens hinaus, grüßten vielsagend. Wieder meinte ich, fragende Blicke zu erkennen. Oder war es Mitleid? Die Leute wußten doch längst, wer über ihnen auf dem Berg anzutreffen war.

An einem Gartenzaun verweilten wir länger, denn hinter ihm blühte eine besonders schöne Frühlingspracht. Aus dem dazugehörenden Häuschen betrachtete uns eine betagte Frau ungeniert - eine ganze Weile. Besonders mit der jugendlichen Ilona schien sie sich zu beschäftigen. Dann konnten wir sie zum Blumenbeet eilen sehen. Hastig pflückte sie dort ein paar Primeln und band sie gekonnt zu einem bunten Sträußchen. Noch ehe wir uns versahen, drückte sie dieses Ilona in die Hand mit den Worten: „Alles Gute für Sie!" Und schon eilte sie abermals davon.

Welch anrührende Szene! Die Gruppe stand ganz unter ihrem Eindruck. Gelassen wandte sich Schwester Ilse an uns: „Auch für die gesunden Mitmenschen stellt Ihre Krankheit nicht selten ein Problem dar. Sie bekommen Angst, wenn sie damit konfrontiert werden und sie wissen oftmals nicht, wie sie Ihnen als Betroffene entgegentreten sollen!"

Die nette Oma war unterdessen mit dem Frühjahrsputz beschäftigt. Für uns war es an der Zeit, den Aufstieg zur „Bergeshöh" in Angriff zu nehmen.

Auf dem Heimweg kam uns im Wald nach oben ein Herr um die 50 entgegen. Er lachte über das ganze Gesicht, als er uns wahrnahm: „Ah, die Damen sind auf Wanderschaft! Ich muß sagen, das ist eine gute Idee. Haben Sie sich die nähere Umgebung angeschaut?" Er erwartete keine Antwort, stellte sich vor: „Ich bin der Seelsorger der Gemeinde. Soeben habe ich mit Ihrer Heimleitung gesprochen. Ich wäre sehr erfreut, wenn ich Sie zum nächsten sonntäglichen Gottesdienst begrüßen könnte!"

Der Pfarrer verursachte mit diesen wenigen Worten einen heftigen Meinungsstreit zwischen uns Frauen. Nicht jede fand die Einladung lobenswert. Einige ältere schienen angenehm überrascht zu sein. „Aber", so warf ich trotzdem ein, „wem Religion etwas zu geben in der Lage ist, der sollte sie auch beherzigen. Vielleicht kann echter Glaube Berge versetzen und in schweren Stunden zur Seite stehen." So etwas hatte ich am eigenen Leibe noch nicht zu spüren bekommen, jedoch erinnerte ich mich an die Worte meiner verstorbenen Großmutter: „Glaube, vorausgesetzt, man lebt ihn ehrlichen Herzens, ist Balsam für die Seele des Menschen!" Bisher glaubte ich an das Gute - trotz vieler Enttäuschungen. Zu einem Gott konnte ich mich bislang nicht bekennen. War das ein Fingerzeig für mich? Ich mußte lernen, viel lernen ...!

Die Wanderung war schön und gleichzeitig anstrengend. Der Aufstieg war hart, für manche zu hart, und unsere Köpfe wurden wieder einmal Opfer großer Zweifel. „Ihre Kur ist noch nicht beendet", machte sich die Schwester ermutigend bemerkbar. Ihr war unsere Stimmungslage nicht entgangen. Die letzten Stufen hinauf zum „Vogelnest" schienen unendlich zu sein, meine Kräfte waren aufgebraucht.

Für die Vormittagsstunden des folgenden Tages hatte Dr. Michaelis Untersuchungen angesetzt. Andrea, Ilona, Maria und zwei Frauen von meinem Tisch sollten als erste diesen Termin wahrnehmen. Ich hatte demnach Zeit. Womit wollte ich sie ausfüllen? Nicht so herumsitzen! erinnerte ich mich an meine Devise. Alleinsein wäre trotzdem nicht schlecht. Meine Schritte trugen mich ins Dachstübchen. Zeit zum Nachdenken über Empfindungen! vernahm ich eine innere Stimme. Und ich ging ihr nach, indem ich einen ausführlichen Brief an meinen Mann verfaßte. Ich machte es mir an dem kleinen Tisch bequem und begann alsbald zu schreiben.

Mein lieber Frank,

ich grüße Dich sehr herzlich aus dem „Vogelnest" im Hause „Bergeshöh". Deine Zeilen habe ich mit Freude erhalten und danke Dir vielmals dafür. Es war der erste Brief, der in unser Heim flatterte, und mich verfolgten deswegen ein paar neidische Blicke.

Wie ich daraus entnehmen konnte, geht es Dir in Deinem momentanen Junggesellendasein gut. Du bittest mich, Dir mitzuteilen, wie es um mich bestellt sei. Das möchte ich hiermit gerne tun. Es ist ohnehin Zeit für tiefe Empfindungen! Die angetroffenen äußeren Bedingungen geben allen Grund zur Freude. Das Heim gefällt mir, ich kann mich in ihm geborgen fühlen. Du weißt, wie wichtig dieser Umstand schon immer für mich war! Der Arzt und die Psychologin haben einen vertrauensvollen Eindruck auf mich machen können.

Die Umgebung konnte ich von Anbeginn in Augenschein nehmen. Der Frühling meint es gut mit uns allen, die Landschaft wirkt nahezu malerisch. Das ist etwas für mich, wie Du ja längst weißt. - Und denke Dir, zusammen mit meiner Zimmernachbarin habe ich sie in mehreren Bildern mit Tusche und Bleistift festgehalten!

Ich bin mit mir zufrieden, bis auf die ewigen Schlafstörungen und die Schlappheit in meinem Körper. Allerdings ist es seelisch anstrengend, ständig mit Frauen zusammen zu sein, die ebenso krank sind wie ich. Hier kann ich die vielfältigsten Reaktionen von betroffenen Menschen beobachten. Zum Teil werde ich von ihnen lernen, zum Teil kann ich eigene Erfahrungen einbringen.

Ich weiß genau, daß ich manchmal auf Grenzen stoße, die mir ein Leben mit der bösen Krankheit so schwierig erscheinen lassen! Eines möchte ich Dir zu Deiner und meiner Erleichterung sagen: Im Vergleich zu anderen Frauen kann ich erfreuliche Fortschritte ver-

zeichnen. Es kommt mir nun zustatten, daß ich immer versuchte, mit meiner geschundenen Seele in Einklang zu gelangen.

Hätte ich das alles jemals allein geschafft? Du und ich, wir beide wissen ganz genau, daß dies eben nicht so wäre! Du hast mir in vielen schweren Stunden seit meiner Operation beständig uneigennützig zur Seite gestanden.

Unsere Kinder gingen ihre eigenen Wege, und das wollten wir auch so. Du hast mir Deine Kraft gegeben, an Dich konnte ich mich anlehnen. Du bist kein Mann großer Worte, die magst Du nicht. Du handelst lieber mit Deinen Kräften, mit Herz und Verstand. Ich habe Dir so unendlich viel zu verdanken!!!

Das wollte ich schon immer zu Dir sagen, aber Du mochtest es nie zur Kenntnis nehmen. Jetzt zwinge ich Dich dazu in diesem Brief. Du machtest mich stark für einen Kampf gegen eine schlimme Erkrankung. Und ich verspreche Dir, diesen Kampf niemals aufzugeben! Wir wollen noch viele schöne Jahre gemeinsam verbringen. Es lohnt sich - für mich, für uns, für alles! -

Nun waren mir doch ein paar Tränen über die Wangen gelaufen. Ich legte eine kurze Pause ein. Frank sollte auf keinem Fall etwas davon mitbekommen. Im übrigen schmerzte wieder einmal mein rechter Arm. Seitdem man mir die Lymphdrüsen aus der Achselhöhle entfernt hatte, litt ich unter Anschwellungen im Arm. Ich zog mir den verordneten Gummistrumpf über, bald würden erneute Drainagen erforderlich sein.

Ich drehte meinen Körper in die bestmöglichste Lage, um die Gedanken an Frank zu Ende führen zu können:

Ich habe Dir noch gar nicht von der Frau erzählt, mit der ich hier ein Zimmer teile. Sie ist im Vergleich zu mir ein sehr junger

Mensch. Befürchtungen, deshalb mit ihr keinen Kontakt zu finden, erwiesen sich zum Glück als unangebracht. Ilona hatte in der letzten Zeit mit großen Problemen zu kämpfen. Dieser Kampf muß noch zu Ende geführt werden. Sie wird aus diesem Grunde häufig von Hoffnungslosigkeit und Trauer geplagt.

Ich halte sie für eine intelligente Frau, die über ihre Empfindungen hinauswachsen wird - eines Tages. Schon jetzt kann ich erfreulicherweise Ansätze dafür bei ihr verbuchen. Das macht mich stolz, denn ich bin, wie Du Dir denken kannst, ein wenig daran beteiligt. Wir werden uns noch öfter aussprechen, so daß wir uns beide etwas Gutes tun.

Du siehst, ich habe für Dich einen Ersatz gefunden, auf den Du aber nicht eifersüchtig zu sein brauchst.

Als wir gestern wanderten, hatten wir ein eigenartiges Erlebnis: Eine Heiminsassin, die mir wegen ihrer Absonderung und wegen ihrer blassen Erscheinung aufgefallen war, flippte unerwartet dermaßen aus, daß sie von der Schwester zurück ins Heim gebracht werden mußte. Ich habe eine böse Ahnung. Hoffentlich täuschen mich meine Gefühle!

Im Hause wird es lauter. Der Doktor wird seine Sprechstunde abgeschlossen haben. Damit möchte auch ich zum Schluß mit der Darstellung meiner Empfindungen kommen. Sie haben mich freier gemacht, und diese Wirkung mögen sie ebenso bei Dir erzeugen!

Ich sende Dir viele liebe und innige Grüße in unsere Wohnung. Ich freue mich auf ein Wiedersehen, das ganz bestimmt unter einem guten Stern stattfinden wird!

Dein Frauchen

P.S. Du kannst mich hier anrufen, wenn Du möchtest.

Seit unserer Wanderung hatte sie niemand mehr zu sehen bekommen: Maria.

Eine der Frauen wußte, sie wäre gleich nach dem Arztbesuch in das Zimmer von Marlene gerufen worden. Das war alles. Wieder befiel mich ein ungutes Gefühl. Die Psychologin würde wissen, was zu tun sei.

Marlene hatte eine schwierige Aufgabe zu lösen. Ihr Ziel war es, mit Maria in ein fruchtbringendes Gespräch zu gelangen, durch Beobachtungen war ihr die Notwendigkeit dazu klar geworden. Marlene gab sich große Mühe. Vor ihr saß keine lebendige Frau, sondern ein Stein. Und mit Steinen kann man nicht reden. Maria hat bereits mit ihrem Leben abgeschlossen, empfand sie glasklar. Was war zu tun, um sie zurückzuführen?

Sie brachte den Ehemann ins Spiel, bekam dafür ein vielsagendes Abwinken. Sie versuchte, über die erwachsenen Kinder zu einer Äußerung zu gelangen, und sie sah sich abermals enttäuscht. Das Gesicht vor ihr nahm an Versteinerung zu. Schließlich entschloß sich die Psychologin zu der Frage, ob Maria überhaupt zu einem Gespräch bereit sei. Die Angesprochene erhob sich ruckartig von ihrem Stuhl und verschwand wortlos aus dem Raum.

Ihre Zimmernachbarin fand sie unbeweglich auf dem Bett liegen, das Gesicht zur Wand gedreht. Kein Sterbenswörtchen kam über ihre Lippen. Keine erleichternde Träne floß über das Gesicht. „Ist ihre Seele bereits abgetötet?" fragte Ilona leise. Niemand konnte eine eindeutige Antwort geben.

Es sollte eigentlich ein Abend mit viel Musik werden. Unter den gegebenen Umständen hatte niemand mehr Interesse daran. Wir saßen zwar gemeinsam im Versammlungsraum, aber ein Gespräch kam nicht annähernd zustande.

Ich versenkte mich in mein Buch, die Beschreibung konnte mich nicht fesseln. Ich befaßte mich mit Maria. Welch schwieriges Leben mochte hinter ihr liegen, daß ihr jetzt gar nichts mehr daran lag?

Diese Gedanken verfolgten mich bis in mein Bett hinein. Es war nach Mitternacht, als ich auf eine sonst unübliche Unruhe im Hause aufmerksam wurde. Die Nachtschwester polterte anscheinend rücksichtslos über die Flure. Laut hörte ich sie in ein Telefon rufen: „Ein Arzt bitte, ganz schnell!"

Unter heftigem Herzklopfen begab ich mich aus dem Zimmer. Es mußte etwas mit Maria passiert sein, denn mehrmals vernahm ich deutlich ihren Namen. Sie jedoch konnte ihn nicht mehr hören. Maria hatte sich mit einer Überdosis Schlaftabletten das Leben genommen. So lautete die Nachricht aus dem Krankenhaus, wo mehrere Ärzte um sie gerungen hatten. In mir hämmerte bitter eine einzige Frage: Warum?

Marlene sprach am anderen Tage mit uns, die wir uns unglücklich vorkamen. Man hatte einige Bemerkungen in Marias Notizbuch gefunden, die ein wenig Aufschluß vermitteln konnten:

Vor etwa drei Monaten erfuhr Maria von einem schlimmen Befund - ein bösartiger Gehirntumor! Von da an konnte sie sich ihre Kopfschmerzen erklären. Sie fühlte sich nur noch wie ein halber Mensch, zu keiner Tätigkeit imstande. Mann und Kinder ließen sie alleine in dieser Lage. Zumindest war das aus ihren Bemerkungen zu schlußfolgern.

Keinem Menschen vertraute Maria sich an, von niemandem bekam sie aus diesem Grunde Hilfe. Als sie zur Kur geschickt wurde, war es bereits zu spät. Das Leben war ihr nichts mehr wert, an nichts fand sie Interesse. Sie war ein welkes Blatt im Winde.

In den nächsten Tagen plagten mich auch erhebliche Kopfschmerzen. Ich wußte, das war die Folge seelischer Überanstrengung. - Das Leben, es mußte trotz allem weitergehen! Als Frank anrief, machte ich meinem schweren Herzen Luft - hohe Zeit für tiefe Empfindungen!

Die Gruppe schwieg. Nur Gesprächsfetzen drangen an mein Ohr. Ich kannte den Grund. Vor einem Jahr hatte sich einer meiner Ärzte das Leben genommen, was mich tief erschütterte.

Er war nicht zurechtgekommen mit der Diagnose Multiple Sklerose im fortgeschrittenen Zustand. Damit war auch er einer unheilbaren Krankheit mit einem bösen Ende unterworfen. - Er war ein Mensch wie wir alle, empfand ich, obgleich mein Erschrecken über seine Reaktion noch nicht abgeklungen war. Die Todesanzeige aus der Zeitung stand viele Wochen auf meinem Nachtschrank - zur Abschreckung oder zum Nachmachen? Sie bot Anlaß zum Grübeln. - Es fiel mir sehr schwer, zu einem eindeutigen Ergebnis zu gelangen. Auf der einen Seite hatte ich Verständnis für die Lösung, die mir der Arzt aufgezeigt hatte. Auf der anderen Seite machte ich ihm schwere Vorwürfe. Jeder Tag im Leben eines Menschen erschien mir unglaublich wertvoll und einmalig. Aber unter qualvollen Schmerzen dahinzusiechen - eine entsetzliche Vorstellung! - Gern hätte ich mich darüber unterhalten.

Unter dem Vorzeichen von Marias Freitod - für sie war es eine Beseitigung ihrer ins Unendliche wachsenden Probleme - wäre ein Gespräch unter uns Frauen sinnvoll, dachte ich mir. Ich beeilte mich, Marlene diesen Vorschlag zu unterbreiten und betrat ihr Zimmer. Ich fand sie am Schreibtisch sitzend, das Gesicht hinter ihren Händen verborgen. Ehe ich mein Anliegen vorbringen konnte, vernahm ich sie: „Mir geht Marias Entscheidung nicht aus dem Kopf. Ich fühle mich elend und frage mich, ob wir vielleicht versagt haben! Oder müssen wir die letzte Entscheidung eines Menschen akzeptieren? Was meinst Du dazu?"

Sie, unsere starke Psychologin, saß vor mir wie ein Häufchen Unglück. Ich hätte sie am liebsten in die Arme genommen. Doch dann straffte sie ihren Körper und sagte mit Entschiedenheit zu mir: „Wir werden darüber reden. Du hast richtig empfunden. Nutzen wir die nächste Gesprächsrunde dazu!" Marlene hatte nicht nach meinem Wunsch gefragt. Sie fühlte, womit ich mich beschäftigte.

Nicht nur wir beide spürten das Bedürfnis nach Austausch. Der Raum füllte sich. Alle Frauen erschienen - für mich ein Zeichen, in welchem Ausmaß sie sich mit dem Problem herumgeschlugen. Aussprechen - nun war es ein echtes Bedürfnis geworden!

Wie erwartet, nahm unser Austausch von Fragen, Problemen und Anschauungen nur zögernd einen Anfang. Es ist nicht einfach, über unheilbare Krankheiten, über den Tod, ja, darüberhinaus über den Freitod offen zu sprechen!

Marlene hatte unsere Runde eröffnet: „Ein trauriger Anlaß führt uns zusammen - die Entscheidung einer Mitpatientin, ihrem Leben ein Ende zu setzen. Wir dürfen unseren Schmerz nicht in uns vergraben, wir wollen über ihn sprechen. So werden wir hoffentlich Klarheit über unsere Stellung dazu gewinnen können.

Eure Krankheit hat Euch mit Sicherheit veranlaßt, Fragen zu stellen, wie es weitergehen werde. Habt Ihr dabei auch an den Tod denken müssen? Ich kann mir das gut vorstellen. Fürchtet Ihr ihn?

Wie werdet Ihr mit einem langsamen Sterben, mit einem Dahinsiechen fertigwerden können?

Maria hat eine entsetzliche Angst in sich gespürt, eine Angst, der sie nicht Herr werden konnte. Und ganz bestimmt vermißte sie die Geborgenheit der Familie. Ohne diese schien ihr das Weiterleben für eine ohnehin begrenzte Zeit nichts mehr wert!"

Die Psychologin wirkte ernst, war aber dennoch von positiver Ausstrahlung. Mit ihren Worten wollte sie Gedanken in uns freisetzen, uns zum Sprechen veranlassen. Sie suchte meinen Blick. Sollte ich anfangen?

Ich brauchte noch etwas Zeit, denn mir war unklar, womit ich hätte beginnen können. Dies signalisierte ich Marlene. Ich konnte sehen, wie sich die Köpfe der mir gegenübersitzenden Frauen senkten - einer nach dem anderen. Das Thema ging ihnen bis unter die Haut. Sie brauchten Raum - Raum für tiefe Gefühle und anstrengende Empfindungen!

Marlene servierte indessen Kaffee, dargeboten in schlicht weissen Mokkatäßchen. Er würde guttun, anregend auf Verstand und Gefühle wirken. Sie hatte das Fenster geöffnet, als wolle sie die frische Frühlingsluft zur Hilfe bitten. Waren da nicht ihre Augen über den Text des Spruches an der Tür gehuscht? Es hätte sein können. Mir allerdings fiel ein ganz anderer, kürzerer Spruch ein, und er paßte nach meinem Dafürhalten gut in unsere Situation: „Die Welt ist voll von kleinen Freuden, man muß sie nur sehen!" - Ja, jetzt konnte ich einen Anfang wagen, ein positiver sollte es werden! - Würde ich nur kurz etwas sagen oder sollte ich ausführlicher werden? Ich wollte mich nicht festlegen, mußte es meinem Gespür überlassen. Endlich begann ich: „Ich habe einmal gelesen, der Tod sei etwas, was zum Leben gehöre - genau wie die Geburt eines Menschen. Wenn ich mich richtig erinnere, stand diese Meinung im Aufsatz eines Arztes. Ich habe die Stelle mindestens zehnmal gelesen. Ich war noch jung, etwa 25 Jahre, und konnte mich damit nicht anfreunden. In der Jugendzeit, verschwendet man glücklicherweise keine Gedanken an Tod oder gar Freitod! Aber nun, in unserer Situation, sollte man es tun, bin ich der Ansicht. Keine von uns weiß, wieviel Zeit sie noch haben wird. Das kann auch ein Arzt nicht mit Sicherheit sagen. Wer weiß schon, ob in unserem Körper bald Metastasen ihr Unwesen treiben werden, die möglicherweise einen baldigen Tod verursachen? Keine wünscht es sich, und doch müssen wir den Tatsachen ins Auge sehen!"

Hatte ich die richtigen Worte gesetzt? Marlene erschien mir undurchdringlich, ihre Augen verrieten im Moment gar nichts. Die meisten Zuhörerinnen hatten noch nicht die Köpfe von ihrer Brust genommen. Also mußte ich wohl weitersprechen: „Für mich ist es wichtig, daß ich mit dem mir verbleibenden Leben etwas anfange. Wenn ich ganz ehrlich bin, kann ich Euch sagen, daß ich erst nach meiner Erkrankung gelernt habe, wie schön unser Dasein sein kann. Ich habe einen ganz anderen Blickwinkel zum Leben gewonnen. Ich verbringe die Zeit bewußter. Alltägliche Probleme nehme ich nicht so ernst wie früher, ich habe dafür eine gewisse Gelassenheit entwickelt. Ich kann mich über viele Dinge ehrlichen Herzens freuen - und sei es über ein kleines bescheidenes Gänseblümchen!" Dann fügte ich noch den Spruch an, der mir vorher eingefallen war. Nun sah mich Marlene doch an, dankbar, wie mir schien.

Eine erste positive Ansicht war geäußert, sie erhob keinen Anspruch auf Vollständigkeit oder gar auf den Schlüssel der Weisheit.

Vielleicht würde die Diskussion in optimistischen Bahnen verlaufen! „Alles positiv sehen!" Mit diesen drei Wörtern versuchte der Krebsarzt meines Heimatortes, mir Mut zu verschaffen, als ich ihn allein nicht finden konnte. Wie einfach er sich das macht! hatte ich mir damals gedacht. Und doch behielt er recht!

Dahin waren meine Gedanken abgeschweift, jetzt machte Andrea auf sich aufmerksam: „Ich möchte Euch sagen, daß es mir nicht immer gelingt, das Leben positiv zu sehen. Ich habe oft Angst, wenn ich an meine Zukunft denke. Ich meine damit die Angst vor dem Tode, dem Ende für mich. Nein, ich will noch nicht sterben. Ich will leben - und das nicht nur, weil ich noch jung bin!"

Mit einem Fingerzeig hatte sich Marlene bemerkbar gemacht: „Du hast in Deinen Sätzen zwei wichtige Wörter verwendet, die aus Deinem Inneren stammen, zwei kleine Wörter, von denen alles abhängen kann ... ich will!!!" Deutlich hob sie die beiden letzten Wörter heraus. Andrea war sich dessen nicht bewußt, aber es kam ihr einleuchtend vor. Die Psychologin erklärte weiter: „Ich möchte Euch einen Vorschlag unterbreiten. Wenn Ihr wieder einmal über Euch und Eure Lage in Zweifel geratet und keinen Ausweg erkennt, dann stellt Euch ein kleines Schild auf den Nachtschrank oder Schreibtisch. Darauf schreibt Ihr gut lesbar ‚I c h w i l l !!' Werft täglich mehrmals einen Blick darauf! Ihr werdet über Euch selbst erstaunt sein."

Das waren Möglichkeiten, mit unserem Leben besser zurechtzukommen. Mit dem Tode hatten sie weniger zu tun. Und doch mußten wir uns darüber unterhalten! „Ja, der Tod gehört zu jedem Leben dazu, allerdings schließt er es für immer ab. Er hat damit so etwas entsetzlich Einmaliges." Diese Feststellung kam aus dem Mund von Ilona. Sie war mir in unserer Runde noch nicht aufgefallen. Und weiter konnten wir sie hören: „Wenn man allerdings an ein zweites Leben im Jenseits glaubt, fällt das Sterben leichter. Nur, wer glaubt daran?"

Damit stieß sie auf heftige Kritik einer älteren Frau: „Ich jedenfalls bin davon überzeugt, daß es nach meinem Tode für mich ein wunderschönes Jenseits geben wird. Das beruhigt mich ungemein, obgleich ich auch gerne noch lange auf der Erde sein möchte. Eines weiß ich genau: Wenn es einmal soweit sein sollte, werde ich mit Leichtigkeit meine Augen schließen, weil mir bewußt ist, daß ich nur vorangehen werde." „Beneidenswert ...!" erwiderte Ilona.

In die Pause hinein hörte man Christine, eine Frau von etwa 45 Jahren, erklären: „Ich habe diesen Glauben nicht, er ist mir fremd. Womit soll ich mich trösten? Soll ich jetzt leben, um dann wenig später doch zu sterben?" - Ehrliche Worte verlangten eine ebensolche Antwort. Wer könnte sie ihr geben? Marlene bat mich um meinen Standpunkt. „Ich meine, wir müssen uns mit dem Gedanken an Tod und Sterben beschäftigen. Vielleicht ist das die beste Vorbereitung darauf. Aber, sie dürfen nicht dominierenden. Vielmehr müssen wir uns mit allen Möglichkeiten vertraut machen, die in uns Lebensfreude erzeugen können. Das ist gleichzeitig die beste Waffe gegen unsere Krankheit und den Tod!" - Damit versuchte ich erneut, unserem Gespräch einen positiven Anstrich zu geben.

„Ja, und trotzdem wird die Krankheit den meisten von uns ihre Krallen zeigen. Ich frage mich, wie soll ich mir die verbleibende Zeit einrichten?" vernahm ich Christine noch einmal. „Ich stelle mir oft vor, wie es sein wird, wenn mein Arzt mich eines Tages wissen läßt: Sie haben nur noch wenige Monate zu leben. Was soll man dann tun? Wer kann diese Frage überhaupt beantworten? Welches ist dann der beste Weg? Die ihn vor uns gingen, kann man nicht mehr fragen. Möchtet Ihr die letzte kostbare Zeit in einem fremden Bett irgendwo in einem Krankenhaus verbringen? Nun, für die Angehörigen wäre das die leichtere Art. Aber ich möchte in den eigenen vier Wänden mein Leben abschließen. Wird dann jemand bei mir sein, wenn mich Todesängste befallen, weil mein Körper zerfällt? Kann ich das meiner Familie abverlangen? - Nehmt es mir nicht übel, wäre es unter den Umständen nicht besser, ich würde - wie Maria - den Freitod wählen?"

Offensichtlich mußte ihr noch etwas am Herzen liegen. Nach einer kurzen Pause gab sie ein unübersehbares Zeichen, daß sie noch mehr zum Ausdruck bringen wollte. „Habt Ihr schon einmal den Namen von Professor Hackethal, Julius Hackethal, gehört?" fragte uns Christine. Ohne ein Antwort abzuwarten, setzte sie fort: „Das ist der Arzt unserer Zeit, der den ungeheuren Mut aufbrachte, einer unheilbar kranken Patientin auf deren Bitte zum Tode zu verhelfen. Ich habe verfolgt, wie er sich deswegen vielen Repressalien aussetzen mußte. Die Schulmedizin steht in keiner Weise auf seiner Seite. Für diese Frau aber war es mehr als eine Erlösung, denn wahnsinnige Schmerzen, verursacht durch Gesichtskrebs - der übrigens ihr Antlitz aufs äußerste entstellte - machten das Leben zu einer Qual! Warum stieß dieser Arzt, ein Krebsspezialist, auf blanke Ablehnung unter seinen Kollegen? - Aus welchen Gründen verlangen diese, jedes Leben, und sei es noch so belastend, bis zur allerletzten Möglichkeit zu verlängern?"

Fragen, viele Fragen steckten in Christines Worten. Wer sollte sie richtig beantworten können? - Ohnmacht machte sich breit. Marlene unternahm den Versuch: „Ich denke, es ist richtig, was Du zum Ausdruck gebracht hast. Dennoch wird es so sein, daß jede für sich entscheiden muß, das kann niemand abnehmen! Ich persönlich halte jeden Moment für lebens- und liebenswert. Für mich käme ein Freitod nicht in Betracht. Ein Dasein in Qualen ist trotzdem ein Dasein."

Mehrere Frauen fühlten sich nun herausgefordert, konnten aber keine anderen Gedanken beisteuern. Sie stießen auf ähnliche Probleme, fanden keine neuen Lösungswege.

Mir stand ein Bild vor Augen, das mich oft beanspruchte. Ich überlegte, ob ich es darlegen sollte. Schließlich entschied ich mich dafür: „Vor längerer Zeit weilte ich im Krankenhaus zur Blutabnahme. Dort stieß ich zufällig auf den Namen einer lieben Bekannten. Auf meine Bitte, die Patientin für kurze Zeit aufsuchen zu dürfen, gab mir ein Arzt die Erlaubnis: „Ja, das können Sie!"

Ich hatte keine Vorstellung von dem bedauernswerten Gesundheitszustand meiner Freundin, denn ich nahm an, sie wäre zu einer Routineuntersuchung im Hause. Leise betrat ich das Krankenzimmer, ein Ein-Bettraum, entfernt von den anderen. Sie lag im Bett, hatte die Decke bis zum Hals gezogen, ihre auffallende Blässe war nicht zu übersehen. Ansonsten wirkte sie wie immer. Aber das war weit gefehlt! Ihre Augen wanderten zum Fenster, sahen mich lange nicht an. Und dann plötzlich, mit dem Gesicht zu mir gewandt, sprach sie unter großer Atemnot: „Es ist so schwer zu sterben!"

Ich war tief erschrocken! Das war doch nicht möglich! Was sollte ich jetzt sagen? Alles würde unangebracht sein. Und ich stammelte von der Hoffnung und vom Gebrauchtwerden, mehr war mir nicht möglich.

Wie schämte ich mich deswegen! Zwei Tage später bewahrheiteten sich die schlimmen Ahnungen. Am Tage ihrer Silberhochzeit schlief sie in den Armen des traurigen Mannes ein. Der Krebs ließ ihr keine Chance zum Überleben.

Ich war am Bett einer schwerkranken Frau gestanden, die einst vor Lebensfreude schäumte, und ich war mir sicher, daß sie bis zum Schluß gekämpft. Noch immer höre ich ihre Worte: „Es ist so schwer zu sterben!"

Es war mehr Zeit vergangen, als Marlene vermutet hatte. Sie schloß das Thema ab, indem sie meine letzten Gedanken im Raum stehen ließ. Das war eine häufig verwendete Methode von ihr. Eine Schwester erinnerte an das abendliche Basteln, die Frauen spazierten im Kurpark. Noch bevor ich mich daran beteiligte, schrieb ich einen zu meiner Stimmung passenden Spruch auf ein sauberes Zeichenblatt, stellte ihn dann auf meinen Nachtisch. Er stammt aus der Feder von Rainer Maria Rilke und lautet:

„Ich lebe mein Leben in wachsenden Ringen,
die sich über die Dinge ziehn.
Ich werde den letzten vielleicht nicht vollbringen,
aber versuchen will ich ihn."

Es klopfte an der Tür, Marlene trat ein. Auf ihrem Gesicht lag ein Schatten. Sie bemühte sich, ihn zu verdrängen, indem sie sich ein Lächeln abverlangte. Sie las meinen Spruch, nickte dazu. „Es wird weitergehen!" erhob sie ihre Worte. „Deshalb möchte ich Dich um etwas bitten. Ich habe bemerkt, daß Du besser als die anderen Patientinnen mit Deiner Lage zurechtkommst. Das möchte ich noch vorausschicken. Würdest Du bitte aufschreiben, welche Möglichkeiten Du für Dich genutzt hast? Es hat Zeit. Du brauchst Dich nicht zu beeilen, und Du müßtest dazu auch bereit sein."

Ja, ich hatte indessen eine ganze Palette an Ratschlägen zur Verfügung - Ergebnis intensiven Nachdenkens und wiederholten Ausprobierens. Ich würde sie zur Verfügung stellen, nahm Marlene erfreut meine Antwort entgegen. Ich war gespannt, wie sie damit umgehen würde.

Wenn Du heute noch auf andere Gedanken kommen willst, dann tu etwas dafür, sei aktiv! riet mir in aller Entschiedenheit eine positive innere Stimme, und sie schöpfte dabei kräftig aus meinem Erfahrungsschatz.

Aus diesem Grunde zog ich mir schnell den Pullover wieder über, denn die angekündigte Bastelstunde mußte schon bald beginnen. Gut, lobte ich mich selber, deinen dummen inneren Schweinehund hast Du überwunden! Gerade wollte er mich überlisten, dann wäre ich für den Rest des Tages nicht mehr aus dem Dachstübchen gekommen. Ilona nahm ich mit, ihr tat Ablenkung auch gut!

Schwester Ilse stand mitten im Raum, neben ihr auf einem Tisch nahmen mehrere hübsche Basteleien sofort meine Aufmerksamkeit in Anspruch. Zum Anreiz hatte die Schwester sie vorbereitet. Kleine flauschige Osterküken, mehrere braune Hasen in verschiedenen Ausführugnen und alle nur möglichen Frühlingsblüten hatte sie hergestellt. Sie fanden schnell die Zustimmung der anwesenden Frauen. Darüber freuten sich alle.

„Früher, als meine Kinder noch klein waren“, wandte ich mich an Ilona, „war die Zeit der Vorfreude auf das Osterfest ausgesprochen schön. Ich weiß noch genau, wie groß ihre Begeisterung war, wenn sie eines der versteckten Eier finden konnten. Es war ein schöner Lebensabschnitt, und ich möchte ihn nicht aus meinem Dasein streichen.“ - Nach diesem kurzen Streifzug in die Vergangenheit widmete ich mich dem eigentlichen Sinn des Abends.

Die kleinen Küken hatten es mir so angetan, daß ich mich entschloß, sie nachzubasteln. Schwester Ilse erklärte uns freundlicherweise die einzelnen Abläufe. Ein gelbes weiches Staubtuch bildete das Hauptinstrumentarium. Außerdem lagen Watte, Plastestäbchen sowie verschiedenfarbige Stickgarne auf dem Tisch bereit.

Meine Mitpatientinnen hatten bereits auf ihren Stühlen Platz genommen, jede mit einer kleinen Arbeit in der Hand. Ich sog dieses Bild in mich ein, es strahlte soviel wohltuende Ruhe und Gemütlichkeit aus. Ich bereute nicht, in dieser Runde sitzen zu dürfen.

Mit ein wenig Unterstützung der Schwester gelangen mir einige niedliche Küken. Zusammen mit Ilonas großem lustigen Osterhasen stellte ich sie auf das Regal unseres Zimmers. So konnten wir uns noch öfter an ihrem vorösterlichen bunten Bild erfreuen.

Warum bastele ich eigentlich nicht auch einmal zu Hause? dachte ich laut. Es bereitet Freude und bedarf keiner großen Umstände. Das Fernsehen - es macht geradezu jede Kreativität kaputt. Das ist schade! Man müßte diesen Zustand abstellen. „Mir hat der Abend gefallen, ich hoffe, er läßt sich wiederholen." Das war die Meinung von Ilona. Mir wurde bewußt, daß sie ein gutes Stück Lebensgefühl zurückgewonnen hatte. Und ich nahm nicht nur dies als Grund für weiteren Optimismus. Aktive Ablenkung - uns beiden war sie gelungen. In der Nacht schliefen wir erstaunlich tief. Wir hatten Kraft aufgetankt, die wir dringend nötig hatten.

Ein Tagesausflug stand ins Haus. Ja, der Doktor machte ernst. Die Ansprüche an uns stiegen tatsächlich. Am Fuße des Berges stand der Bus bereit, der uns vor Tagen hierher gebracht hatte. Der Fahrer winkte, als er uns erkannte. Würde er wieder Witze auf Lager haben? Vielleicht war das nicht mehr nötig, denn unsere

Stimmung hatte sich gebessert. Hängende Köpfe konnte ich jedenfalls nicht entdecken. Im Augenblick war eher so etwas wie Reisefieber in uns ausgebrochen.

Die Fahrt führte über uns bekannte kleinere Dörfer, vorbei an Wiesen und durch Täler. Allerdings erschienen sie heute nicht so heiter, denn die Sonne hatte sich nicht herausgetraut. Für eine Stadtbesichtigung gerade richtig, entschied ich mich. Hinter mir saß Andrea, sie summte leise vor sich hin. „Warum singen Sie eigentlich nicht? Es wird doch bei jeder Fahrt gesungen!" rief die Schwester froh in den Bus hinein. Aber keine von uns wollte oder konnte das jetzt. In der Ferne zeichneten sich bereits die Türme der Stadt ab, die wir besichtigen wollten.

Es war ein Ort mittlerer Größe, eine Kreisstadt. In ihrem Zentrum konnten wir einen gut erhaltenen mittelalterlichen Kern bestaunen. Er verlieh dem Städtchen etwas Gemütliches. Die gepflegten Fachwerkbauten standen im krassen Gegensatz zu der Neubausiedlung am Rande des Ortes. In einer Seitenstraße war das Städtische Museum untergebracht.

Die meisten der Frauen entschieden sich für einen Einkaufsbummel. Sie steuerten deswegen auch die Geschäftsstraße an. Christine und Ilona schlossen sich mir an, ich hatte mein Interesse am Museum geäußert. Die Ausstellung war mit Liebe und Sachverstand eingerichtet worden. Dieser Eindruck zog sich durch alle Abteilungen, angefangen bei den Zeugnissen der Frühgeschichte, über mittelalterliche Stücke bis hin zu Ereignissen der Gegenwart.

Ilona hatte die Führung übernommen. Ihre Augen leuchteten, als sie zu einigen Erklärungen anhob. Ich staunte über ihre Kenntnisse. „Geschichte ist ein Hobby von mir. Ihr braucht Euch also gar nicht über mich zu wundern."

Der anschließende Eisbecher mußte sein. „Wollen wir ein Glas Sekt trinken? Ich spendiere!" meinte Christine. Sie fühlte sich wohl. Obgleich uns Alkohol in jeder Form verständlicherweise verboten war, sagten wir nicht nein zu ihrem Vorschlag. Wir stießen sogar an: „Auf unser alle Wohl!" Wer wollte uns das heute verbieten? - Als es an der Zeit war, erhoben wir uns schnell. Die Straßen waren voller Lärm und Abgase. Gift für uns, dachte ich mir, aussprechen mochte ich diesen Gedanken nicht, denn nichts sollte unsere ausgelassene Stimmung verderben.

Ich war froh, als der Bus zurückfuhr zu unserem Berg. Die gute Luft wollte ich vor dem Abendbrot noch ausreichend genießen, vielleicht bei einem Aufenthalt im Park.

Im Augenblick aber sang ich erst einmal mit. Der Fahrer hatte eine Kassette mit bekannten Volksliedern eingeschoben. So erfüllte sich auch der Wunsch der Schwester, die beständig um unser Wohl bemüht war. „Das Wandern ist des Müllers Lust" erklang es mehr oder weniger musikalisch zum Rattern des Motors. Erst beim Aufstieg auf den Berg verstummten die Stimmen. - Unsere Seelen dagegen klangen in uns weiter, und sie klangen froh.

Es war schon zu einer kleinen Tradition geworden: Vor dem Einschlafen ließen Ilona und ich den zurückliegenden Tag Revue passieren. „Schöne Stunden haben wir erlebt", fiel unsere einhellige Meinung aus. - Nur in mir bohrte ganz weit hinten eine Frage: Was wird uns die Zukunft bringen? - Das Leben ist wie ein Wellengang - es geht immer auf und ab. Vergiß das nicht! lautete alsbald die trostspendende Antwort aus meinem Inneren.

„Die nächste Patientin, bitte!" erklang die tiefe Stimme von Schwester Ilse. Heute war auch ich zur Untersuchung bei Herrn Dr. Michaelis vorgesehen.

Schon seit dem Aufstehen bemerkte Ilona an mir eine gewisse Unruhe. Tatsächlich war ich nervös. Das hatte sie bislang an mir noch nicht feststellen können. Zum Frühstück begnügte ich mich mit einer kleinen Tasse Kaffee. Mehr nahm mein Magen nicht an. In den letzten Jahren waren Arztbesuche für mich ein Horror geworden. Das lag nicht an den Medizinern, sondern bei mir selber. Ich war jedesmal von Angst besessen, einen erneuten positiven Befund zu erfahren. Ich hatte mein Bewußtsein sogar darauf eingestellt. Lieber wollte ich angenehm überrascht werden.

Ein Arzt hatte mir mehrmals einen Einweisungsschein zur stationären Untersuchung in die Hand gedrückt - und diese kleinen Scheine konnten große Probleme nach sich ziehen! Das alles ging mir jetzt durch den Kopf, während ich im Warteraum des Kurheimes auf die Aufforderung der Schwester wartete, die mir galt. Ich erinnerte mich daran, wie vor zwei Jahren ein Chirurg wieder einmal einen Probeschnitt aus meiner Brust nahm und wie er, vorsichtshalber, einen Lymphknoten aus der Achselhöhle entfernte ... Und ich mußte an die Wochen des Wartens auf die Befunde denken. - Wußte mein Arzt, was dies für eine ohnehin angeschlagene Seele bedeuten kann?

Ich muß tief durchgeatmet haben, denn eine Frau neben mir sah mich erstmalig an. Ihr hochrotes Gesicht verriet mir so manches über ihren inneren Zustand.

Soeben verließ die vor mir aufgerufene Patientin das Behandlungszimmer. Sie hatte es eilig, über ihr Gesicht liefen Tränen.

In mir verspürte ich ein Zittern, begleitet von einem heftigen Schweißausbruch. Was würde sich für mich ergeben? Dann bat man mich zur Untersuchung.

Der Arzt tastete gründlich meinen gesamten vorderen Oberkörper und den Hals ab. Es fiel kein Wort. Es hätte die nötige Konzentration gestört. Er hielt sich an der mir verbliebenen Brust auf. Ich beobachtete seine Hände, denn schließlich mußte ich mich selbst zum Zwecke eigener Feststellungen in regelmäßigen Abständen abtasten. Darum blieb momentan keine Zeit übrig, um daran zu denken, wie ich etwa vor fünf Jahren einen dicken Knoten ertastete ... und welche Reaktionen sich danach abspielten. Vielmehr blickte ich Dr. Michaelis ungeniert in die Augen während seiner Untersuchungen. Ich suchte darin nach die Wahrheit, die Wahrheit, die manche Ärzte nicht darlegen möchten.

Er schien zufrieden zu sein, klopfte meine Wirbelsäule ab, fragte mich nach eventuellen Rückenschmerzen.

Die Schwester legte jetzt Röntgenaufnahmen der Lunge und Befunde von Ultraschalluntersuchungen des Bauchraumes und der Nieren auf den Tisch. In meinem Beisein wertete der Doktor sie gründlich aus. Er hielt sie lange gegen das Licht, notierte anschließend etwas in der Kartei. Unruhig rutschte ich währenddessen auf meinem Stuhl hin und her. Die Schwester schickte mir einen verstehenden Blick herüber. Endlich sah der Arzt von seinen Unterlagen auf. Ich meinte, in der Luft würde es knistern. Diese Empfindungen erübrigten sich, denn der Doktor sprach mich bereits in erklärender Art und Weise an: „Im Moment ist alles in allerbester Ordnung! Ich gratuliere Ihnen dazu!" - Hatte er einen Stein plumpsen hören? Er freute sich mit mir. Auch Schwester Ilse zeigte ihre Freude, während sie ihren Aufgaben nachging. Dr. Michaelis sagte, wobei Ernst in sein Gesicht zurückgekehrt war: „Das soll Sie nicht zu einem Leichtsinn verführen, er könnte unabsehbare Folgen auslösen. Nutzen Sie auf jeden Fall auch in der Zukunft pünklich alle angesetzten Kontrolluntersuchungen! Sie wissen doch, daß ein Krebs auch nach vielen Jahren erneut auftreten kann - leider!" Dabei sah er mir tief in die Augen, als wolle er dort nach meiner Bereitschaft suchen. Diese erklärte ich ihm.

Als ich mich erheben wollte, um dem Ausgang zuzueilen, hielt mich der Doktor unerwartet zurück. „Bitte entschuldigen Sie, wenn ich Sie noch einen Moment aufhalte. Ich möchte Ihnen noch etwas anderes sagen. Ich erfuhr von der Psychologin, daß Sie eine Patientin sind, die sich erstaunlich gut mit seelischen Angelegenheiten befaßt. Und wie ich merken kann, hat sich diese Einstellung vorteilhaft auf Ihr Befinden ausgewirkt. Geben Sie Ihre Erfahrungen doch bitte weiter an Mitpatientinnen, wenn Sie möchten. Bei Patientin Ilona zeigen sich erste Fortschritte, und die verdanken wir im Grunde genommen in erster Linie Ihnen." -

Mich überkam ein bestimmendes Gefühl - dem Arzt trotz seiner positiven Mitteilungen endlich entlaufen zu können, zu dürfen, zu wollen, zu müssen. Ich wollte frei sein, viel Luft holen, mich freuen, jubeln, Unsinn machen..., ganz Mensch sein.

Aber in diesem Moment wurde mir auch deutlich klar, daß Dr. Michaelis der Mediziner war, den ich mir lange erträumt und erwünscht hatte. Ja, dieser hervorragende Mann verstand viel von den verwundeten Seelen seiner Kurpatientinnen. Und es war ihm gelungen, über sein Verständnis hinauszuwachsen, es helfend einzusetzen. Ich verdrängte meine Vorstellung vom Weglaufen, denn dieser Eindruck wurde für mich in Sekundenschnelle wichtig und so überzeugend, daß ich mir erlaubte, den Arzt anzusprechen.

Ich mußte ihn wohl mit großen hellwachen Augen angeschaut haben. Er war neugierig geworden, was ich denn auf dem Herzen hätte. Es dauerte nicht lange, bis es zwischen ihm, dem Arzt, und mir, der Patientin, zu einem Gespräch kam, in das ich Beobachtungen und Wünsche hineinlegen konnte, die sich im Laufe der Jahre bei mir entwickelt und angestaut hatten.

Ich vertraute inzwischen Dr. Michaelis - und das war die Grundlage für meine aus dem Herzen kommenden Ansichten. Ohne lange zu überlegen, sagte ich: „Wissen Sie, Herr Doktor, ich möchte mich bei Ihnen entschuldigen." „Entschuldigen, wofür ... ?" warf er kurz ein. „Ich wüßte nicht ... !" Und abermals schaute er mich freundlich, aber auch prüfend an.

„Gut, ich will ehrlich sein. - Sie haben mir in Ihrer Rolle als Arzt zu Beginn unserer Kur nicht gefallen können, ja, ich wollte eigentlich umkehren und nach Hause fahren. Sie werden mich jetzt fragen, aus welchen Gründen ich so handeln wollte. Ich werde Ihnen selbstverständlich darauf antworten."

Ich fühlte, wie mich Aufregung umfing. Doch ich war von meiner Meinung dermaßen überzeugt, daß ich nicht auf einen Einwurf des Arztes wartete, sondern ich sprach sogleich mutig weiter: „Nach einer kraftraubenden Reise kam ich hier an. In dieser Situation reisten bestimmte Vorstellungen mit an. Sie waren in mir, und ich bin mir sicher, daß die anderen Frauen ähnliche Gefühle hegten. Ich erwartete das Beste, nein, was sage ich da, viel mehr, das Allerbeste, was es zu bieten gibt. Es konnten immerhin die letzten schönen Wochen sein, denen ich entgegenlebte ... oder?"

Dr. Michaelis sah mich erstaunt und freundlich zugleich an. Das bewegte mich zum Weitersprechen. „Ich meine, mit der geschmackvollen und gleichzeitig sinnvollen Gestaltung des Heimes ist es Ihren gelungen, eine meiner Vorstellungen zu erfüllen. Dafür bin ich Ihnen dankbar. Ich glaubte mich alsbald geborgen und aufgehoben, beschützt. Ich denke, daß uns dies in unserer Krankheit zusteht. Wir haben alle unbändige Sehnsucht und Verlangen nach solchen Gefühlen. Die Seele weiß offensichtlich, was uns Betroffenen guttun kann."

Nach einer kleinen Pause, Dr. Michaelis wurde am Telefon verlangt, führten wir unseren Dialog fort. Ich war sicher, mir all das von der Seele zu reden, was sich dort angesammelt hatte, und ich freute mich, daß mir der Arzt die Zeit dazu schenkte.

Er sagte aufgeschlossen: „Gut, da stimme ich Ihnen zu. Krebskranken Menschen muß man viel Liebe und Geborgenheit geben. Daran führt kein Weg vorbei. Ja, und der äußere Rahmen in diesem Hause sollte durchaus eine Rolle spielen. Ich denke, das ist uns gelungen. Aber ..." - und er sah mich erneut fragend an, „was war es, was Sie beinahe zu einer Abreise veranlaßt hätte?

So, nun mußte es also heraus: „Herr Doktor, anfänglich haben Sie auf mich finster und sogar arrogant gewirkt, so daß mir das Herz zu pochen begann, wenn ich Ihnen begegnete oder wenn Sie zu uns sprachen. Ich habe dann meine Blicke nach unten gerichtet, um damit kein Unheil anzurichten. Doch in meinem Inneren zweifelte ich, ob Sie der richtige Mann, ich meine der richtige Mediziner, für mich sein konnten. Als ich glaubte, in den Gesichtern anderer Frauen Ähnliches zu erkennen, war ich in meiner Empfindung bestätigt. Und im gleichen Moment fühlte ich mich enttäuscht und unglücklich. Aber, Herr Doktor, diesen Eindruck konnten Sie beheben - und ich bin hiergeblieben, wie Sie wissen. O, ich hätte viel Gutes versäumt!"

Dr. Michaelis war ins Grübeln verfallen. „Was die Patienten alles bewegt, es ist immer wieder erstaunlich! Ach", fragte er, „damals bei unserer ersten Zusammenkunft nach Ihrer Anreise - hatten Sie da diesen negativen Eindruck von mir?"

„Ja", antwortete ich ihm geradlinig, wie ich nun einmal war. Lange blickte er mich ernst an, so daß ich schon befürchten mußte, daß er mir doch noch böse werden würde. Dann entschloß er sich zu sagen: „Ich werde Ihnen ebenso ehrlich antworten, wie Sie mir Ihre Probleme vortragen. Gut so?" Während ich kurz nickte, fuhr er bereits fort: „Ich kann mich erinnern, daß ich in jener Nacht vor unserem Kennenlernen zu einer Patientin im Dorfe gerufen wurde. Man hatte sie auf der Straße angefahren und liegengelassen. Ich kämpfte mit allen mir zur Verfügung stehenden Mitteln um sie, bat unter anderem um die Unterstützung eines befreundeten Kollegen aus der Stadt. Aber das Mädchen verstarb, - jung, schön, voller Zukunftspläne. Wissen Sie, so etwas nimmt auch mich mit. Ich mußte erst einmal damit fertigwerden. Mag sein, daß ich Ihnen daher nicht locker genug entgegentrat, weil ich das traurige Erlebnis noch nicht habe verarbeiten können."

Das konnte ich verstehen, gut verstehen. Ein Arzt ist eben auch ein Mensch aus Blut und Fleisch, mit Gefühl und Herz. Diese Gedanken gingen mir durch den Kopf und ich scheute mich nicht, sie zu äußern. „Man kann als Patientin nicht wissen, wann ein Arzt mit schweren Problemen behaftet ist", ergänzte ich noch. „Ich persönlich würde ihm Verständnis entgegenbringen, das ist für mich überhaupt keine Frage. Und trotzdem erwarte ich gerade von einem Arzt mehr als von anderen Menschen, denn ich sehe seine Tätigkeit nicht nur als Beruf an, sondern als Ausführung einer ganz besonderen wunderbaren Berufung! Ja, und daher bin ich maßlos enttäuscht und fühle mich elend, wenn sich ein Mediziner nicht entschließen kann, sich um die Seelen seiner Kranken zu kümmern, um sie aufzurichten, um der Gesundung und der Heilung unter die Arme zu greifen."

„Und das wollten Sie mir unterschieben... Stimmt's?" „Ja, genau das wollte ich Ihnen unterschieben", wiederholte ich mit aller Bestimmtheit. „Aber das war damals. Sie wissen, daß Sie mich eines Besseren belehrten, zum großen Glück!"

Wir waren nachdenklich geworden. Jeder hing seinen Gedanken und Gefühlen für mehrere Momente nach. Ich holte laut Luft. Meine eigene Courage raubte mir mehr Kraft, als ich annahm. Dr. Michaelis lachte mir ins Gesicht. Nein, böse war er mir nicht, das konnte ich deutlich spüren. Ich stellte ein Aufhorchen bei ihm fest - und unser Gespräch konnte deswegen noch nicht zu Ende sein. Soeben wandte sich der Arzt an mich: „Erzählen Sie mir aus Ihren Erfahrungen in dieser Richtung! Es ist interessant, davon zu hören, darüber nachzudenken."

Das glaubte ich ihm auf der Stelle, und ich war daher sehr offen, ihm einige meiner Erlebnisse und Ansichten darzulegen. „Haben Sie keine falsche Scheu, legen Sie einfach los! Ich werde ganz Ohr sein!" unterstützte er mich. Nein, Scheu hatte ich wahrlich nicht, aber ich mußte meine Gedanken ordnen. Sie waren vielfältig.

Der Doktor goß zwei Gläser Fruchtsaft ein. Wir tranken und dann begann ich: „Fest steht erst einmal, daß jeder Patient etwas erwartet von seinem Arzt - und zwar grundsätzlich Positives. Schließlich besitzt er nur ein Leben. Und er möchte es so gut wie möglich verbringen. Demnach will er auch mit aller Gewißheit wieder gesund werden. Das finde ich durchaus legitim und in bester Ordnung. So ist der Patient schon etwas mitgenommen, wenn er die Notwendigkeit sieht, eine medizinische Praxis aufsuchen zu müssen. Spätestens in diesem Augenblick kommt seine Seele ins Spiel - noch in bescheidener Form, aber sie meldet sich und will beachtet sein.

Und wie ist das bei Krebs? Immer öfter kommen Männer und Frauen mit solch einem schlimmen Verdacht zu einem Menschen ihres Vertrauens. Versetzen Sie sich bitte in deren Welt! Sie müßte doch bereits zusammengebrochen sein, wenn nicht noch ein Fünkchen Hoffnung wäre auf Hilfe, Hilfe und abermals Hilfe - und zwar von einem Arzt!

Wenn in dieser Situation der Mediziner ein paar geeignete Worte fände, und das braucht nur wenig von seiner kostbaren Zeit, würde der Patient nicht so schnell in ein tiefes Loch fallen, aus dem er schwer herausfinden kann.

Noch dringlicher wird es, wenn er in ein Krankenhaus überwiesen wird. Schon bei der Überreichung des entsprechenden Scheines befällt ihn unweigerlich ein Schmerz - und der entstammt seiner jetzt besonders empfindlichen Seele. Sorgen, Zweifel, Angst, verschiedene Vorahnungen, Familienprobleme machen sich breit und breiter. In dieser Verfassung betritt er später das Krankenhaus. Allein das Gebäude, die Bürokratie der Aufnahme, die typischen langen Flure, die zahlreichen Türen, die dahineilenden Schwestern, die weißen Kittel, die sterile Sauberkeit, die Patienten in Bademänteln -

das alles stellt für ihn eine fremde, nicht gerade anheimelnde Welt dar, der er sich nun zu unterwerfen hat, die er auch annehmen will. Denn er weiß in der Regel, daß es für ihn keine andere Möglichkeit gibt.

Welche Rolle könnte hier ein nettes Wort spielen! Zeit? Nein, Zeit würde das nicht kosten, aber echtes Einfühlungsvermögen. Und schließlich das Krankenzimmer, das zugewiesene Bett, die Mitpatienten ... Mit der Kleidung, die er von seinem Körper zieht, legt er auch ein Gefühl der Gesundheit und der Freude ab. Und er begibt sich als Kranker in das frische Bett, voller Gedanken, aber dennoch freundlich zu den meist neugierigen Zimmernachbarn. Mit einer gewissen Verkrampfung beteiligt er sich am unvermeintlichen Gespräch über die verschiedenen Leiden, obwohl ihm gar nicht danach zumute ist. Denn er wartet auf einen Arzt, seinen Arzt, auf einen Menschen, von dem er im Augenblick alles verlangt, für den er selber am allerwichtigsten sein möchte.

Ich finde Ärzte wirkungsvoll, wenn sie dem Patienten den festen Eindruck vermitteln können, daß er, allein er, der wichtigste Kranke der Station sei, den man am besten umsorgen müsse, dem man mit größter Gewissenhaftigkeit begegnet, dem man auf jeden Fall helfen wird, den man versteht, dem man sich zuwendet ... !"

Damit hatte ich bereits dem Doktor einige meiner persönlichen Meinungen und Empfindungen kundgetan. Ich konnte bemerken, wie er sich bemühte, aufgeschlossen zu folgen. Manchmal sah ich ihn zustimmend lächeln, manchmal legte er seine Stirn in Falten. Es beflügelte mich, noch weiter auszuholen. Eben fragte er mich, ob es mir auch immer so ergangen sei. „Ja", reagierte ich, „ jedesmal war es bei mir so. Darum kann ich wohl heute leidenschaftlich darüber sprechen. Wissen Sie, ich stehe voll hinter jedem meiner Worte", ergänzte ich glaubhaft. „Und bei Krebspatienten setze ich das alles voraus!"

„Das soll ein Arzt bei jedem seiner Kranken schaffen?" fragte provozierend Dr. Michaelis. - „Ja", untermauerte ich meinen Standpunkt, „auf jeden Fall! Natürlich kann nicht jeder Patient, der die Station betritt, tatsächlich der allerwichtigste sein, das ist mir schon klar. Aber das Gefühl dafür sollte er vermittelt bekommen! Ich denke, auf diese Weise kann man Tabletten sparen, kann man Genesungsprozesse beschleunigen." - „Sie gehen ja gehörig 'ran an das Thema!" warf Dr. Michaelis jetzt ein. „Mir schwant, daß Sie auch böse Erfahrungen gemacht haben. Ist das so?"

Ich fühlte, wie mir die Röte in das Gesicht stieg. Denn es gab Beispiele in meinem Leben - gute und schlechte - oja! Ich habe sie nicht vergessen können. Das hatte auch der Doktor bemerkt. Er forderte mich auf, ihm dies zu erklären. Er bat mich um einen Moment Geduld, weil er eine Absprache wegen eines Termines treffen mußte. So konnte ich meine Gedanken ordnen. Sie sollten nicht mißverstanden werden.

„Nun gut, es wird das beste sein, ich verdeutliche Ihnen meinen Standpunkt an einigen mir in Erinnerung bleibenden Beispielen. Ich habe sie erlebt, miterlebt oder von ihnen gehört", begann ich erneut.

Dr. Michaelis hatte es sich währenddessen gemütlich gemacht. Seine Beine ruhten auf einem bereitstehenden Stuhl. Er wirkte locker und aufnahmebereit. Er gab mir das Gefühl, daß meine Worte ernstgenommen wurden. Darauf kam es mir an. Im anderen Falle hätte ich wohl lieber meinen Mund gehalten. Das macht sie eben aus, die alles bestimmende Vertrauensfrage zwischen Arzt und Patient!

„Damals, als ich zum Zwecke einer Krebsoperation mit zitternden Schritten die Station betrat", fuhr ich fort, „stritten sich in mir Gewißheit und Ungewißheit. Das begann schon am Vortage, als ich in meiner Wohnung notwendige Sachen bereitlegte. Ich ahnte, daß mir ein Einschnitt in das Leben bevorstand, aber ich wußte es nicht mit Sicherheit. Und so mußte ich versuchen, damit fertigzuwerden. Hab doch Vertrauen, hab Vertrauen zu Ärzten und Schwestern! ermunterte ich mich.

Sehen Sie, wie allein diese Voraussetzung hilfreich sein kann! Ich betrat die Station mit heftigem Herzklopfen, aber meine innere Stimme besänftigte mich, indem sie mir von neuem das Wort Vertrauen zuflüsterte. Das tat mir gut! Selbst die Aufnahmeschwester bemerkte nichts von meinen Ängsten und Zweifeln, weil ich ihr scheinbar ruhig und gelassen entgegentreten konnte. Erst in meinem Bett im Krankenzimmer löste sich der Krampf - ich weinte heimlich unter der Decke.

Ich mußte allein mit meinem miesen seelischen Zustand in's Reine kommen. Und das war in dieser Lage schwer, das müssen Sie mir glauben. Auch das betont sachlich geführte Aufnahmegespräch brachte mir keinerlei Erleichterung. Es kam mir vor, als hätten Arzt und Paientin ein Geschäft miteinander abgeschlossen - und fertig. Kein Wort der Anteilnahme, des Verstehens ... es ging immerhin um meine Brust, wahrscheinlich um Krebs, um mein Leben ...! Kein Wort, um Mut zu machen, um Kraft zu schöpfen, um zukunftssicher zu bleiben ...! Grausam! Wie sollte ich das in mir schlummernde Vertrauen nutzen?

Ich dämpfte meine Aufregung mit autogenem Training - noch einmal, noch einmal. Beruhigungstabletten hatte ich zwar in der Tasche, durfte sie aber nicht unerlaubt einnehmen. Und nun das Schlimmere: Es war der Tag einer Chefvisite. Allein die Ankündigung versetzte die Patienten in eine gespannte, ängstliche Verfassung. Ich fühlte, wie meine Hände naß wurden, wie die Unruhe wuchs, obgleich ich mich durch Lesen abzulenken versuchte. Daß ich einen großen Knoten in meiner Brust hatte, wußte ich, ich hatte ihn wieder und wieder ertastet und vorsichtig ehrfurchtsvoll befühlt.

Die Tür ging auf, herein kam die erwartete „Weiße Wolke" - fünf Ärzte, alle in weißen Kitteln, mit teils freundlichen, teils verschlossenen Gesichtern. Ihr Gruß wirkte routinemäßig, zwei waren im Gespräch. Das war der erste Eindruck, den ich in dieser Situation mitnahm. An meinem Bett standen nun Menschen, denen ich irgendwie ausgeliefert war, die leise über mich sprachen, aber nicht zu mir. Das verletzte mich. Im Inneren fühlte ich einen Abstand zwischen ihnen und mir, und er wuchs an!

Meine Augen wanderten die Runde der Ärzte ab. Nicht einer nimmt dich persönlich wahr, sagte ich mir. Nicht einer lächelte mich an, niemand sprach ein Wort zu mir. Ich fühlte mich wie ein interessanter, aber lebloser Gegenstand, über den man redet, weil man ihn braucht, den man nicht unbedingt einzubeziehen hatte. Dann kam die Überraschung. Der Chefarzt setzte sich zu mir auf das Bett: „Ich möchte Ihre Brust untersuchen." Mit einem Wink beorderte er seine Kollegen näher heran. Unter Zittern öffnete ich die Knöpfe meines Nachthemdes. Daß ich einen nicht schnell genug aufbekam, erregte Unbehagen. Ich erkannte in den Augen des Arztes einen sprühenden Funken. Am liebsten hätte ich ihm gesagt, daß er von seinen Feststellungen Abstand nehmen möge. Aber dann riß ich mich zusammen und ließ alles über mich ergehen.

Mit mir wechselte der Mediziner noch immer kein Wort. Seine Blicke galten der Untersuchungsstelle und manchmal seinen Kollegen. Wieder fühlte ich mich wie ein interessanter seelenloser Gegenstand ... unerträglich! Schließlich kam die kurze Frage: „Wann haben Sie den Knoten erstmalig bemerkt?"

Ich konnte mit Sicherheit erklären, daß dieser erschreckende Augenblick genau vier Tage zurückläge. Aber das nahm er mir offensichtlich nicht ab, das fühlte ich. Sein Gesicht war voller Ungläubigkeit. Meine Güte, Vertrauen, woher sollte ich es nun nehmen? Das fragte ich mich, und es tat weh. Schon öffnete sich mein Mund, um diesen quälenden Gedanken auszusprechen. Doch es konnte nicht dazu kommen, denn eine Handbewegung des Chefarztes ließen mich vor Schreck und Ohnmacht erstarren."

Dr. Michaelis erhob sich von seinem Stuhl und sah mich an: „Sprechen Sie weiter! Was war? Erklären Sie sich!"

„Der Arzt hatte den besagten Knoten gründlich untersucht, was mir nicht wenig Schmerzen einbrachte. Wie gesagt, mich, den Menschen, ließ er außen vor. Er blickte mir nicht einmal in das Gesicht oder gar in die Augen. Und dann erfolgte sie, jene schreckliche Bewegung, die mir wie ein Schwerthieb in meinen Körper fuhr: leicht zu den Arztkollegen gewandt, sauste seine rechte flache Hand kraftvoll an meiner kranken Brust entlang, als wolle er sie mit einem einzigen Messerschnitt vom übrigen Körper abtrennen. Die Kollegen hatten das Zeichen verstanden - aber ich auch! Und ich konnte nur noch mein Gesicht abwenden. Tränen hatte ich nicht, noch nicht. Ich fühlte mich gedemütigt, unmündig! Ja, ich kam mir wie ein Tier vor, mit dem man nicht reden muß. Noch immer wartete ich auf eine Erklärung, und wäre es nur eine kurze gewesen .... aber nichts von dem! Die „Weiße Wolke" entschwand aus dem Zimmer, wie sie es vor Minuten betreten hatte ... weiß, sauber, unnahbar. Ein körperlich kleiner Arzt, ich erkannte ihn als Ausländer, hielt sich ein wenig zurück, verzog seinen Mund zu einem Lächeln und zeigte mir eine Hand, die fest seinen Daumen drückte.

Ich nickte ihm traurig zu, bedankte mich schlicht. Ich hatte das Bedürfnis, ihm eine meiner vielen roten Rosen zu überreichen. Aber da verschloß er bereits die Tür.

Endlich konnte ich weinen, mir ein wenig Luft verschaffen! Das war nötig, denn die Operation stand bevor. Meine Nerven waren angespannt wie ein Flitzebogen. Ich lief den Flur der Krankenstation hinauf und hinunter immer wieder, mehrere Male.

„Was ist mir Ihnen?" fragte mich ein vorbeieilender Arzt. Ich sah ihn groß an, hatte keine Lust zu antworten. Dann stammelte ich: „Meine Seele ... ." - „Na, wenn es weiter nichts ist. Ein wenig zusammennehmen müssen Sie sich schon!" Und er machte ein wichtiges Gesicht und eilte weiter. Wenn es weiter nichts ist! hallte es mir wider. Ich begab mich zurück in das Krankenzimmer und in mein Bett. Ich fühlte mich zerschlagen, kraftlos. Und eine riesige Angstwelle stürmte auf mich zu ... ."

Immer wieder sah ich vor mir die markante Hand des untersuchenden Arztes und deren rasante messerscharfe schnittartige Bewegung. Ich wagte nicht, meine Augen zu schließen, weil dann dieses Bild noch viel grausamer vor mir erstand. Ich weinte lange. Die Erinnerung hielt mich gefangen. Noch immer hatte ich dieses Erlebnis nicht richtig verkraften können. Wußte das der verursachende Arzt? Wußte er es in vollem Ausmaße?"

Dr. Michaelis schaute mich an, verstehend - glücklicherweise. Ich schämte mich nicht. Und dann erzählte ich ihm noch, wie die angekündigte Operation dreimal verschoben wurde. Dreimal mußte ich versuchen, mich darauf einzustellen. Drei Nächte vor dem alles entscheidenden Tag waren zu überstehen. Dreimal wuchs in vielen ungezählten Stunden die Angst zu einem Ungeheuer an. Dreimal lebten auch die Angehörigen in anstrengender Anspannung.

Niemand beruhigte mich. Über eine sachliche Mitteilung hinaus hatte ich nichts zu erwarten. Ist das menschlich faßbar? Einmal setzte sich für wenige Minuten eine junge Praktikantin zu mir: „Na, wie geht es Ihnen?" Augenblicklich erfühlte ich Anteilnahme. Sie ermunterte mich. Wir erzählten über dies und das, sie gab mir Kraft. Ich hatte das Gefühl, verstanden zu werden. Mehr wollte ich nicht. Ich konnte doch einschätzen, welch hartes Tagespensum Ärzte hinter sich zu bringen haben.

Später, als ich das Krankenhaus verlassen durfte, bedankte ich mich aus vollem Herzen, weil die junge Frau daran gedacht hatte, meiner empfindlichen Seele beizustehen. Und ich bedankte mich ebenso bei meiner Bettnachbarin, der es zwar selbst nicht gut ging, die es aus ihrem Empfinden heraus möglich machte, mir die bangen Stunden des Warten zu erleichtern. Sie hatte selbst gegen Gefühle anzukämpfen, die ihr viel Kraft kosteten. Ihre Situation habe ich nicht vergessen können. Auch sie hätte seelischen Beistand haben müssen.

Während einer Visite hatte ihr in einem einzigen Satz ein freundlicher Arzt knapp mitgeteilt, nein besser, an den Kopf geworfen, daß man während der Darmoperation e t w a s gefunden hätte. - Ich hatte diesen Satz deutlich wahrgenommen und wunderte mich daher nicht über die auffallende Schweigsamkeit meiner Leidensgefährtin an diesem Tag. Sie wartete, genau wie ich es getan hatte, auf Worte der Erklärung, der Aufmunterung. Nun mußte sie mit dem dahingeworfenen Knochen fertigwerden! - Mir fiel auf, wie sie sich quälte, wie sie jede Regung in sich hineinfraß und dennoch keine Klage äußerte - aus Rücksicht auf ihre Mitpatientinnen. Ich wußte nicht, was zu tun war. Aber ich konnte miterleben, wie ihr Zustand sich verschlechterte, wie sie immer weniger Essen zu sich nahm, wie sie verzweifelte - mehr und mehr. Mir sprach sie noch Mut zu, dann verstummte sie.

In den Nachtstunden grübelte ich. Ist das ein Wunder? Vielleicht ist das in einem Krankenhaus nichts Außergewöhnliches. Aber trotzdem... Ich drehte mich vorsichtig auf die Seite... und erblickte meine Nachbarin im Bett sitzend, abgewandt von den anderen. Sie weinte bitter ... leise, um nicht zu stören. Ich überlegte, ob ich sie in ihrem Schmerz allein lassen durfte. Ich entschied mich dafür. Wie quälte sie sich mit der furchtbaren Ahnung, daß man bei ihr einen Krebs gefunden haben könnte! Zu einer aufklärenden Information war es bislang noch immer nicht gekommen. Am Tage überdeckte sie ihren traurigen Zustand. In der folgenden Nacht erblickte ich ihren gekrümmten Rücken, ein Taschentuch im Gesicht, Tränen, Tränen, Tränen... und schließlich vernahm ich ein unverständliches Murmeln ihrer Stimme. Noch einmal öffnete ich vor lauter Angst vorsichtig meine Augen. Ich erkannte, wie die Frau langsam von der Bettkante rutschte, auf das große Fenster zuschritt und es weit öffnete. Ich sah Tränen blitzen im verweinten Antlitz, als sie kurz zu ihrer Lagerstatt zurückblickte. In mir zitterte es. Denn meine Nachbarin stellte einen Stuhl vor das Fenster und lehnte sich weit, zu weit, aus diesem heraus. Als sie sich wenig später mit beiden Beinen auf das Fensterbrett stellte und ihr gesamter Körper mehrmals zu schwanken begann, verkrampfte sich in mir alles. Ich wollte etwas rufen, aber meine Stimme versagte mir ihren Dienst. Ich wollte etwas tun, aber meine Glieder gehorchten mir nicht. Ich war wie gelähmt. Nur eines schaffte ich doch - ich drückte kräftig den Klingelknopf. Sein Geräusch wirkte ernüchternd. Meine Nachbarin sah mich entsetzt an, murmelte etwas vor sich hin. Dann legte sie sich in ihr Bett und starrte an die Decke. Schließlich flüsterte sie: „Bitte nichts der Nachtschwester sagen!" Es war wie ein Gebot.

Mir war klargeworden, was alles in diesen wenigen Minuten hätte passieren können. Ich verhielt mich ruhig, weil es meinem Gefühl nach so sein mußte. Daß mein Herz bis zum Halse jagte, brauche ich Ihnen nicht zu erläutern. Alles in mir tat schrecklich weh!

Spüren Sie, Herr Doktor, aus welchem Grunde ich Ihnen diese Beispiele erzähle? Wie hatte man die Seele dieser lieben Frau so zurichten können! Warum hatte sich der Arzt nicht ein wenig Zeit genommen, um mit ihr zu sprechen, um ihr Kraft zu spenden?" Ich schüttelte meinen Kopf. Der Doktor schwieg. Hätte er mir jetzt widersprochen, ich hätte es ihm nicht abgenommen. „Am nächsten Vormittag sagte ich zu meiner gepeinigten Bettnachbarin: 'Auf unserer Station müßte es einen guten Psychologen geben. Ich glaube, ich wäre schon bei ihm gewesen. Sie auch?' - 'Nun, wissen Sie', antwortete sie, 'mir genügt das vermittelnde Wort einer Schwester oder eines Arztes!' Gleichzeitig überzog ihr Gesicht tiefer Ernst. Mühsam gelang ihr ein Lächeln.

Als es wieder einmal Zeit zu einer Visite war, lagen wir Kranken still in unseren Betten - in uns Angst und Zweifel. Mit scharfen Blicken und all unseren Sinnen verfolgten wir die hereinkommenden

Ärzte und Schwestern. Wir brauchten ihren Zuspruch. Jede Bewegung, jede Mimik, jede Äußerung setzte sich bei uns fest und wurde anschließend verarbeitet. Wieviel doch abhing vom Menschen - Arzt oder vom Arzt - Menschen! Aber hatte er nicht gerade aus diesem Grunde zu diesem schweren Beruf, nein, zu dieser Berufung gefunden?

O, wie ermunternd es wirkte, als mir ein Chirurg leicht auf die Schulter klopfte und meinte, daß ich es schon schaffen würde! Und wie lange seine Worte noch in mir nachwirkten! Und wie froh sie mich stimmten! Den ganzen Tag, die kommende Zeit, fühlte ich eine neue Kraft in mir. Ich ging die vielen Treppenstufen abwärts zur nächsten Station, was ich bislang nicht gewagt hatte. Noch am späten Abend hörte ich in mir: Es wird schon werden! Ich weiß, daß ich ihm bei meinem Aufbruch aus dem Krankenhaus besonderen Dank schuldete. Und noch heute habe ich das Bedürfnis in mir."

Dies alles legte ich Dr. Michaelis an's Herz. Ich konnte ihn überzeugen, dessen war ich mir sicher. Leider mußten wir unser Gespräch beenden, weil ihn der Dienst rief. Ich fühlte mich erleichtert, weil ich diese Empfindungen loswerden konnte - vor einem vertrauenswürdigen Menschen.

Ich saß noch eine Weile auf meinem bequemen Stuhl, um meine Gefühle ausklingen zu lassen. Doch dann erinnerte ich mich an unser geplantes Vorhaben und wandte mich diesem gern zu. Ich verließ das Zimmer. Zu mir zurück kam das schöne Glücksgefühl, das mir der Doktor nach seiner Untersuchung schenkte. Alles ist in bester Ordnung! vernahm ich noch eimal deutlich seine Worte, obgleich er sie schon vor einer geraumen Zeit ausgesprochen hatte. Und ich hätte singen können!

Ich beeilte mich, in den Park zu kommen, wo Ilona, Andrea und Christine warteten. Wäre ich noch ein Kind gewesen, den Weg hätte ich wohl hüpfend zurückgelegt. „Kommt, laßt uns etwas Schönes auf die Beine stellen!" Beinahe hätte ich dies über die Wiese gerufen. Meine Unternehmungslust wollte befriedigt werden.

Sie gratulierten mir ebenfalls zu dem Befund, was ich sehr nett von ihnen fand. Überhaupt stellte ich fest, daß wir uns zu einer verschworenen Gemeinschaft entwickelten. Dann spazierten wir los, der Wald zog uns an wie ein Magnet. Unter den Armen trugen wir Zeichenmaterial - Karton, Stifte aller Art, Ölfarben, Tuschkästen und Pinsel. Christine und Andrea wollten sich auch versuchen. Die Heimleitung spendierte die notwendigen Untensilien. Als wir an einer kleineren Lichtung in halber Höhe des Berges anlangten, entschieden wir uns für diese Stelle. Von hieraus erspähten wir durch eine Schneise einige Häuser des Dörfchens und in der Ferne eine Kirchturmspitze. Auf den mitgebrachten dicken Wolldecken ließen wir uns nieder. Trotz Frühlingstemperaturen konnte sich die Erde nicht so schnell erwärmen, wie wir es uns wünschten.

Da lagen wir vier, faul und froh wie erfahrene Landstreicher. Ich blickte in den blauen Himmel über uns. Schäfchenwolken sorgten dort für Abwechslung. Die dunkelgrünen Tannen und Fichten stachen mit ihren Baumspitzen in sie hinein. Wir zogen es vor, diese wertvollen Momente der Ruhe und der Harmonie auf uns einwirken zu lassen. Minuten später erinnerten die Zeichenmaterialien an das Vorhaben. Wir nahmen jeder ein Blatt zur Hand, um darauf unsere Eindrücke festzuhalten. Und wir ließen die Seelen schaukeln!

Auf Ilonas Blatt entdeckte ich viel Himmel in blauen Farben mit großen weißen Wolkenbergen. Sie hatte sich für ein Landschaftsbild entschieden. Andrea versuchte sich an einer Blumenwiese. Mochte sie auch gern die ersten Waldblumen des Jahres? Christine überlegte eine Weile, bevor sie zu malen begann. Sie traute sich an Ölfarben heran. Weil sie immer wieder die Schneise des Berges hinuntersah, wurden ihre Absichten schnell deutlich. Ihr Bild sollte den Landschaftsausschnitt wiedergeben, den man von dieser Stelle überaus günstig wahrnehmen konnte.

Was möchte ich darstellen? fragte ich mich. Ich überlegte, ein wenig zweifelte ich an meinen künstlerischen Fähigkeiten. Doch Ilona machte mir Mut. Ich mußte mich mehrere Meter von der Gruppe entfernen, um einen vorteilhaften Blick auf diese zu haben. Die malenden Frauen im Bild festzuhalten, das war meine Idee. Da hatte ich mir eine schwierige Aufgabe gestellt. Mit dem Andeuten der Landschaft um die Gruppe herum würde ich fertigwerden, meinte ich, aber die Darstellung der Menschen bereitete mir Probleme. Doch ich kannte ich Ilonas Fähigkeiten - und sie hatte eine Reihe wertvoller Tips bereit. -

„Unsere Malerinnen kommen!" hörten wir eine Patientin rufen. Sie stand inmitten einer größeren Anzahl von Frauen. Jetzt liefen sie uns neugierig entgegen, wollten die Ergebnisse des Aufenthaltes im Wald begutachten. Fragend schauten wir vier uns an. Die Anteilnahme der anderen schien ehrlich zu sein. Also sollten sie unsere Bilder betrachten dürfen. Auch Marlene war unter ihnen. Sie nahm die Blätter mehrmals in ihre Hände. Sie beschäftigte sich mehr mit dem Inhalt der Bilder als mit deren künstlerischem Gekonntsein. Ich hörte, wie sie Andrea und Christine ansprach: „Wie habt Ihr Euch dabei gefühlt? Würdet Ihr auch künftig malen?" Gespannt wartete ich mit ihr auf eine Antwort. Andrea war es, die sich zuerst dazu durchringen konnte: „Ich habe eine Blumenwiese gemalt, das Ergebnis hältst Du gerade in Deinen Händen. Dabei mußte ich mich gründlich mit der Natur auseinandersetzen. Allein das hat mir viel Freude bereitet, wie ich jetzt im Nachhinein deutlich spüre. Jede Blüte für sich kann unendlich schön sein. Ich fühle mich einfach wohl."

Das alles hatte Marlene gern gehört. Sie strahlte über ihr ganzes Gesicht. Und als Christine ergänzte, sie würde auch später zu Hause malen wollen, schienen sich ihre Vorstellungen erfüllt zu haben. Von Ilonas und meinen Plänen wußte sie ohnehin. „Jetzt wird sie gleich die anderen Frauen ansprechen", sagte ich hinter vorgehaltener Hand zu meiner Zimmernachbarin. Und sie gab zur Antwort: „Mit Sicherheit." Tatsächlich nutzte Marlene die günstige Lage aus, um auch die übrigen Patientinnen für ein kreatives Tätigsein zu erschließen. Sie versprach sich viel Gutes davon.

Wieder war ein Tag ins Land gegangen. Am Abend wartete ich auf Ilonas Auswertung. Sie schob sich eben eine kleine Mandarine in den Mund. Eine ganz andere Ilona sitzt vor mir, mußte ich abermals denken, indem ich mich an die ersten Stunden unseres Kennenlernens erinnerte. Damals mochte sie überhaupt nichts essen, spürte keinen Appetit. Und ich konnte mir ein Lächeln nicht verkneifen. Ilona sah darin etwas anderes: „Du fühlst Dich besonders wohl, ja?" So wandte sie sich fragend an mich. „Ich bin auch glücklich, so, wie lange nicht. Der heutige Tag brachte viel Schönes mit sich und er hat mich froh gemacht." Diesem Gedanken brauchte ich nichts mehr hinzuzusetzen. Vor mir saß ganz bestimmt eine andere Ilona, das bedurfte keiner weiteren Frage.

Auch die nächsten Wochen verliefen in Harmonie. Wir erholten uns zusehends, man konnte es deutlich an den Gesichtern der Frauen sehen. Selbst schlafen konnte ich besser. Die Wanderungen wurden umfangreicher. Die abendlichen Beschäftigungen waren stets gut besucht. Im Gruppenraum fanden wir uns neuerdings manchmal zum Singen zusammen. Volkslieder und besonders Frühlingslieder hatten es uns angetan. Auch sie waren ein Ausdruck unseres gesundenden Seelenzustandes. Arzt, Psychologin und Heimleitung konnten zufrieden sein.

An der schriftlichen Darstellung meiner persönlichen Erfahrungen fand ich Gefallen, denn ich beschäftigte mich häufiger damit. Vieles davon hatte sich hier bereits bestätigt. Bald würde ich diese der Psychologin zur Verfügung stellen können.

Ilona schrieb oft an ihre Eltern. Ich glaubte, sie wolle mit ihren Schilderungen Mut und Freude erzeugen. Außerdem führte sie seit einiger Zeit ein Tagebuch, wie mir schien. Ja, sie sollte darin ihre Seele in guten wie in schlechten Momenten ausklingen lassen, meinte ich. Schließlich gab es auch für sie persönliche Dinge, die für meine und andere Ohren nicht bestimmt sein konnten. Während einer Eintragung sprach Ilona ungewollt laut vor sich hin: „Wer kämpft, kann verlieren! Wer nicht kämpft, hat schon verloren!"- Sie beeindruckte mich sehr damit, ich konnte ihr das leider nicht sagen. Hatte sie in ihre Zukunft sehen können?

Noch einmal Ilona

Der Himmel zeigte sich heute von seiner schlechten Seite, große dunkle Wolken zogen an ihm entlang. Regen, sogar Schnee und Graupel, wieder Sonne - Aprilwetter eben. Die Heiminsassinnen verzogen sich ins Haus. Eigentlich nahm ich das gar nicht richtig wahr. In meinem Inneren herrschte Chaos, ein Chaos von einem Ausmaß, das man es nur schwer beschreiben kann. Eine Bewährungsprobe für mich? Schreib auf, was Dich bedrückt! mahnte mich meine beratende Stimme mit Nachdruck - und weiter: Mach Dich frei! - Was war geschehen?

Ilona und ich hatten die Zeit der Kur bisher gut ausgenutzt, uns umschlang ein freundschaftliches Band, das reiche Früchte trug. Doch da war er plötzlich - der grausame Einschnitt! Zunächst fiel mir auf, daß Ilona wieder zurückhaltender wurde. Ständig schien sie in Gedanken, wenn ich sie ansprechen wollte. Ich sehe noch heute ihr Gesicht, wie es sich nach und nach zu verdunkeln schien. Es gelang mir nicht mehr, an sie heranzukommen, und das betrübte mich sehr.

Eines Abends, wir saßen mit Büchern und Gesellschaftsspielen auf der Terrasse des Heimes, war sie, ohne ein Wort zu sagen, verschwunden. Ich fand sie in unserem Dachstübchen - in Tränen aufgelöst, schluchzend, nur noch schluchzend.

„Möchtest Du mit mir sprechen?" fragte ich sie leise. Sie schüttelte heftig ihren Kopf. „Ilona, bitte, was ist geschehen? Vertrau Dich mir an, ich möchte Dir gern helfen, wenn ich das kann!" versuchte ich es weiter. - Die lange Pause nach meinem Angebot war durch Schluchzen ausgefüllt, es stand förmlich im Raume. Dann mußten ihre Tränen wohl aufgebraucht sein. Sie setzte sich an den Tisch und schwieg. Die Augen hielt sie geschlossen, als wolle sie nichts von der Umgebung mehr wahrnehmen. Ich konnte meinen Puls schlagen hören.

Es schien besser, nicht weiter in sie zu dringen. Gerade als ich mich dazu entschlossen hatte, sprach Ilona mit müder Stimme: „Ich habe über meiner linken Brust in der Nähe des Schlüsselbeines zwei Knoten entdeckt ....vor einigen Tagen schon. Nun ist alles aus, nichts hat mehr für mich einen Sinn!"

Was konnte ich ihr in dieser Situation raten? Womit war sie überhaupt zu trösten? Ich dachte sofort zurück an den Tag in meinem Leben, den ich vor etwa zwei Jahren durchstehen mußte. Ich hatte in meiner linken Brust einen, wie ich fand, großen Knoten ertastet. Ich verstand Ilonas Reaktionen allzu gut! Damals war meine Welt erschüttert. Ein Chirurg entschloß sich bald zu einem Probeschnitt, nachdem er sich mit dem Ergebnis der Mammographie auseinandergesetzt hatte. Wie erleichtert war ich, als ich von ihm er fuhr, daß der Knoten von gutartiger Gestalt sei!

Sollte ich das alles jetzt Ilona darlegen? Sie würde es nicht aufnehmen können. Ein wenig abwarten - das hielt ich für die bessere Lösung. Stunden später, wieder einmal während der Nachtzeit, fragte ich meine Zimmernachbarin, ob sie schon bei Dr. Michaelis gewesen sei. Es schoß aus ihr heraus: „Was soll ich da noch? Ich sage Dir doch, es ist alles aus und vorbei, aus und vorbei! Ja, Rolf hatte recht, mich zu verlassen. Ich bin ein Nichts!" Alles schrie sie aus sich heraus, Sie war am Ende. Und doch gelang es mir irgendwie, sie am nächsten Morgen zum Kurarzt zu bringen. Dieser bestätigte die beiden Knoten, sprach von einem kleinen und von einem größeren. Dann schrieb er eine Menge auf ein Formular, das er anschließend in einem Umschlag verschloß. Ich stand indessen hinter der Tür, wartete auf Ilona.

Blutlos sah sie aus, als sie erschien. Ich konnte sie unter Anstrengung sprechen hören: „Ich muß meine Koffer packen, morgen schon fahre ich nach Hause. Dort soll ich mich sofort in der Klinik melden. Es kann sein, ich werde noch einmal operiert. Ich habe Dr. Michaelis gefragt, ob das wirklich sein müsse - und er hat mir eindeutig zur Antwort gegeben: ‚Wenn sie noch ein paar Jahre leben möchten, dann müssen sie meinem Ratschlag unter allen Bedingungen Folge leisten. Beeilen Sie sich, zu Ihrem Arzt zu gelangen!' Das alles kam sachlich aus Ilonas Mund, als würde sie eine langweilige Rechenaufgabe erklären. Sie war wie erstarrt.

Ich half Ilona, ihre Sachen einzupacken. Sie zeigte kein Interesse dafür. Obenauf legte ich den von ihr gebastelten Osterhasen, dazu ein kleines Küken von mir. Mit diesen und jenen Bemerkungen versuchte ich sie abzulenken, sie auf andere Gedanken zu bringen. Es war ihr egal. Aber immerhin lehnte sie die Anweisung des Arztes nicht ab, stellte ich für sie fest. Am Morgen bekam ich die Erlaubnis, mit Ilona zum Bahnhof zu fahren. Der Doktor hatte den Transport mit seinem Auto übernommen. Wir entschieden uns für ein schnelles Lebewohl. „Abschiede auf Bahnhöfen mag ich nicht", hatte sie zu mir gesagt - und ich respektierte das, begnügte mich damit, ihr fest die Hand zu drücken. - „Ich werde Dir schreiben", waren die letzten Worte, an die ich mich erinnern kann. Es waren tatsächlich ihre letzten Worte an mich, ihre allerletzten!

Nach ein paar Tagen machte Ilona ihr Versprechen wahr. Ich erhielt einen Brief von ihr. Ich öffnete ihn und fühlte, wie die Anspannung in mir wuchs. Entgegen meinen Erwartungen waren nur wenige Zeilen in dem Umschlag:

Meine liebe, nun leider ehemalige Zimmernachbarin und Leidensgefährtin, ich grüße Dich aus Wittenholz, wo ich gut angekommen bin. Während meiner Heimfahrt verging die Zeit wie im Fluge. Ich mußte an den Berg und unser „Vogelnest" denken. Ich sah Dich vor mir, als Du mir zum ersten Mal erfolgreich unseren schönen Blick aus dem Fenster an mein Herz legtest, und ich dachte an unsere gemeinsamen Stunden, die wir mit Malen und Erzählen ausfüllten.

Das war die angenehme Seite meiner Reise. Auf der anderen spürte ich allerdings eine neue Angst, wie Du Dir vorstellen kannst. Ich fragte mich, wie Du Dich in dieser Lage verhalten würdest. Also, ich möchte damit sagen, daß ich mich natürlich damit beschäftigte, was bald auf mich zukommen würde.

Die Eltern waren sehr erstaunt über mein plötzliches Auftauchen. Aber dann fanden sie die Gründe bald selbst heraus. Nun liegt wieder ein schwarzer Schatten über unserem kleinen Haus.

In der Klinik habe ich um einen Termin gebeten. Als ich das Schreiben von Dr. Michaelis vorlegte, entschied man sich für einen alsbaldigen. Darauf lebe ich nun zu. Das ist eigentlich alles, was ich Dir diesmal mitzuteilen habe. Sobald ich einen Befund erhalte, sollst Du ihn erfahren. Drücke mir bitte beide Daumen!

Ich würde mich sehr freuen, wenn Du mir einmal aus unserem, nein, aus Deinem „Vogelnest" schreiben würdest!

Bitte grüße alle Frauen dort oben von mir, ich wünsche ihnen und ganz besonders Dir weitere gute Erholung!

Deine traurige Ilona

PS: 1. Richte bitte einen Extragruß an Marlene aus und laß sie wissen, daß ich oft an ihre Ratschläge denken muß!

2. Ich bedaure es unendlich, daß ich Deine Lebensgeschichte nicht mehr hören konnte. Vielleicht läßt es sich nachholen - In Wittenholz, bei mir. Ich werde Dich einladen.

Bald darauf erhielt ich einen zweiten Brief. Ilona schickte mir darin abermals Grüße und interessierte sich auffallend für die Abläufe im Heim. Damit lenkte sie von sich ab. Aber mich konnte sie nicht mehr täuschen. Ich selber griff zum Galgenhumor, wenn ich mich über mein wankendes Innenleben hinwegtäuschen wollte. Sie rückte gern andere Menschen in den Vordergrund.

Zunächst beschrieb Ilona ausführlich einen Traum, der sie sehr beschäftigt haben mußte, und der auch mich nachdenklich werden ließ. Sie schrieb: *In der vergangenen Nacht hatte ich einen Traum, an den ich mich sehr lebhaft erinnern kann. Ich habe ihn zu deuten versucht. Das Ergebnis teile ich Dir am Schluß meiner Beschreibung mit. So kannst Du Dir beim Lesen eine eigene Meinung bilden. Paß also gut auf! Hier ist mein Traum: Zuerst befand ich mich in einem Zug, in dem lauter bekannte Menschen saßen - meine Eltern, Freundinnen aus der Studienzeit, die Großeltern, alle Nachbarn aus Wittenholz, meine eigenen Lehrer, viele Kollegen der Schule, zwei mir vertraute Ärzte und sogar ... Rolf.*

Sie grinsten mich an. Dabei zogen sie ihre Münder unheimlich weit auseinander, so daß ich mich zu fürchten begann. Und, so stell Dir bitte vor, dann sprachen sie etwas zu mir, alle auf einmal - zunächst leise, daß ich sie gar nicht verstehen konnte, dann lauter, immer lauter. Dabei erzeugten sie einen heulenden Ton, schauerlich anzuhören.

Als ich mich abwenden wollte, grinste mir Rolf ins Gesicht und fragte dabei: ‚Na, schöne Maid, wollen wir beide tanzen gehen?' Dazu erhob er sich von seinem Sitz, streckte sich wie eine Haselnußgerte und drehte sich wie zu einem Reigen. Als er auf mich zukam, versuchte ich, ihm zu enteilen, jedoch die Füße versagten mir ihren Dienst. Ein schallendes Gelächter drang an meine Ohren - es kam aus Rolfs geöffnetem Mund. Dann entschwand er durch das Fenster, ließ nur ein unheimliches Stöhnen zurück.

Eine Bekannte meinte: ‚Wie schön, daß dieser Verrückte nicht mehr unter uns ist. Jetzt können wir in aller Ruhe an der nächsten Station aussteigen.' Sie lockte mich dabei mit beiden Händen und umgarnte mich wie ein Schmetterling eine süße Blüte.

Leichten Fußes stieg ich mit ihr aus, ich konnte ihr nicht widerstehen. Lieblich lächelnd zog sie mich alsbald zu einem nahegelegenen freien Platz. Dort waren wir allein.

‚Was soll denn das werden?' schrie ich sie an. Denn vor mir stand plötzlich ein riesengroßer Mann mit langem Bart und düsterem Blick. ‚Ich bin Herr Angst, und ich werde Dir, zeigen was das bedeutet!' Damit nahm er mich am Arm und drückte mich in einen wünderschönen hellblauen Ballon. Dieser hob mit mir ab, viele Leute winkten mir nach, auch meine Eltern. ‚Leb wohl', rief mir der Vater zu, dann entschwanden sie meinen Blicken.

Eine Weile segelte ich glücklich durch die Lüfte, bis ein greller Pfiff ertönte. Er stammte von Herrn Angst. Und kurz danach raste der Ballon wie wild auf die Erde zu. Ich stürzte mit ihm in einen tiefen See, wo mich ein Fisch arglistig in Empfang nahm: ‚Siehst Du, nun mußt Du für immer bei uns bleiben. Wer einen Ballon nicht richtig lenken kann, der darf nie wieder auf die Erde zurückkehren!' -

Ilonas Deutung sparte ich mir erst einmal aus. Mir machte ihr Traum Sorgen, denn ich dachte an ihre gefährdete Gesundheit. Die eigene Meinung faßte sie in einem einzigen Satz zusammen: *Ich glaube, ich werde auch bald in Wirklichkeit versinken, nicht in einem See, sondern in der kalten Erde.* - Mich schauderte.

Ilona hatte es mir leichtmachen wollen, doch dann fielen ihre Zeilen dramatischer aus als geplant. Ich konnte mir ohnehin vorstellen, wie es im Grunde um sie bestellt war: Weinen, immer wieder weinen, Alleinsein in ihrem Zimmer ..., dann der Trost der Eltern und deren Bemühungen, ihrer Tochter helfen zu wollen. Das sah ich direkt vor mir. Es konnte mich auch nicht beruhigen.

Seit Ilonas Abreise waren die Anspannungen in mir wieder da und machten mir nicht wenig zu schaffen. Sollte ich Beruhigungstabletten einnehmen? fragte ich mich. Es wäre der einfachere Weg gewesen. Marlene riet mir davon ab: „Du bist in der letzten Zeit wunderbar ohne Medikamente ausgekommen, belaß es dabei. Lenke Dich besser ab - bleib nicht in Deinem Zimmer! Und autogenes Training nicht vergessen!"

In meinem Dachstübchen war ich nun allein. Mit der Zeit wurde mir dieser Zustand immer bewußter. Ich vermißte meinen Kumpel mehr, als ich es mir eingestehen wollte. Ablenken - ja! Aber womit? Alles erinnerte mich an Ilona. Wir beide hatten unsere Ideen ausprobiert. Es mußte demnach etwas anderes sein, entschloß ich mich. Und zum Glück ging mir schon bald ein Licht auf: Meine Musik! Wie konnte ich sie vergessen?! - Sie hatte mich in den Jahren meiner Krankheit erfreut. Sie war imstande gewesen, mich von der Kraft zu überzeugen, die sie innehatte. Eine Neurologin, so erinnerte ich mich jetzt, drückte mir eines Tages eine Schallplatte in die Hand. Das war mir bislang noch nicht passiert, und es berührte mich deswegen eigenartig. Auf der Hülle las ich: Ludwig van Beethoven, 7. Sinfonie. Es war genau die Musik, die mir helfen konnte - leicht tänzerisch, volksliedähnlich und dennoch konfliktbeladen, sogar kämpferisch. Oftmals legte ich diese Platte auf, hörte mich immer wieder in die Musik eines meiner Lieblingskomponisten hinein. Dessen Biographie war mir bekannt, und ich wußte, daß ich seit langem sehr beeindruckt war von seiner Größe, von seiner Kraft.

Dieser Mann, ein Mensch voller Musik, war auf der Höhe seines Lebens dazu verdammt, mit dem Schicksal einer Ertaubung fertigzuwerden. Sein Leitspruch „Durch Nacht zum Licht" hielt ihn von Selbstmordgedanken ab. Als tauber Komponist schuf er die größten Musikwerke, die meiner Meinung nach ein Mensch den anderen zu schenken in der Lage ist. Beethoven rang sich zu einem weiteren aktiven Leben durch, was er hervorragend in seiner 5. Sinfonie, der bekannten Schicksalsinfonie, der Menschheit begreiflich machen konnte.

In meinem Zimmer stand seit kurzem ein Radiorekorder. Von der Heimleitung hatte ich die Erlaubnis dazu bekommen. Auch Marlene hatte mich in diesem Anliegen unterstützt. Nun konnte ich ungestört meiner Leidenschaft nachgehen - zumindest in den Stunden, in denen ich mich allein fühlte. Auch im Moment war das „Vogelnest" voll von Klängen meines Geschmackes - Beethoven, Mozart, Schumann und Schubert. Und etwas von der Kraft dieser einmaligen Menschen und ihrer Musik übertrug sich auf mich. Sie alle verbrachten ein Leben voller Konflikte, wußte ich, und trotzdem fanden sie zu diesen berührenden Melodien. Oder waren es gerade

Probleme und Konflikte, die sie dazu geführt hatten? Über diese Frage hatte ich noch nicht genügend nachgedacht. - Wäre Ilona dagewesen, mit ihr hätte ich darüber sprechen können. So blieb mir nur die bescheidene Möglichkeit, meine Gedanken an sie auf Briefpapier loszuwerden.

Von ihr bekam ich keine Antwort mehr, auch blieb die angekündigte Einladung aus. - Ich mußte schon über ein halbes Jahr wieder zu Hause gewesen sein. Es war Herbst, als ich einen Brief mit einer mir bis dahin unbekannten Handschrift erhielt. Auf der Marke entzifferte ich mit Mühe Wittenholz. Das ist doch Ilonas Heimatstadt! durchfuhr es mich. In der vergangenen Zeit war nicht ein einziges Zeichen von dort zu mir vorgedrungen. Warum schreibt sie nicht selber? Ich sah noch einmal auf die Adresse, erst dann öffnete ich den Umschlag - und mir war gar nicht wohl dabei!

Die Nachricht traf mich in meinem Innersten: Ilona war tot! Ihre Mutter machte diese traurige Mitteilung. Sie hätte von ihrer Tochter vieles über mich und unsere Zeit der Kur in Erfahrung gebracht. Aus diesem Grunde hätte sie sich entschlossen, mir zu schreiben. An der Beisetzung nahm ich nicht teil, das hätte ich nicht ertragen. Ich wollte meine Freundin in liebevoller Erinnerung behalten, so, wie ich sie auf der „Bergeshöh" kennen- und achtengelernt hatte.

Erst viel später fuhr ich mit Frank nach Wittenholz, um Ilonas Eltern aufzusuchen. Ich würde ihnen viel aus dem Leben ihrer einzigen Tochter erzählen können, falls sie es wünschten.

Im Wohnzimmer ihres Hauses saßen wir bis zur Dunkelheit beieinander, während Frank in einem Café am anderen Ende der Straße geduldig auf mich wartete. Aus den Augen des Vaters blickte mich Ilona an, auch seine schlanke Figur erinnerte mich sehr an sie. Er schien gefaßter als seine Frau. Vielleicht ist der Verlust eines Kindes für eine Mutter ungleich schwerer, erklärte ich mir und hoffte zugleich, niemals in eine solche Lage zu kommen.

Der Vater erzählte von den vielen schweren Wochen und Stunden, die Ilona durchkämpfen mußte. Ich dachte an ihren Spruch, den sie im Dachstübchen in ihr Tagebuch geschrieben hatte. Von Kämpfen, harten Kämpfen war darin die Rede, und von den beiden Möglichkeiten, gewinnen oder verlieren zu könnnen.

Sie hatte verloren, soviel stand leider fest. Die Mutter gab in wenigen Worten die Ursache des frühen Todes ihrer Tochter an: „Krebs hat ihre Lunge zerfressen. Die letzte Chemotherapie hätten ihr die Ärzte ersparen können!" Dann weinte sie still vor sich hin, ihre Schultern zuckten. In mir war eine Hohlheit zu spüren, als ich das Haus verließ.

Schnellen Schrittes bewegte ich mich die Straße hinunter. Nur einen kurzen Blick noch warf ich auf das gediegene Haus, in dem Ilona ihre glückliche Kindheit und Jugend verbrachte. Dann lief ich auf Frank zu. Er stand bereits vor dem Eingang des Cafés. Als er mich erkannte, eilte er mit entgegen, blickte mir verstehend in die Augen und sprach: „Komm, wir wollen nach Hause fahren!" - Ich mußte ihm nicht antworten - mein Herz war randvoll von langwirkenden Empfindungen und mir war wieder kalt.

Das Leben im Kurheim nahm seinen Lauf. Nach der Abreise Ilonas war von der schwierig erworbenen allgemeinen Heiterkeit nichts mehr zu spüren. Das fand ich verständlich. Der Wellengang war nach unten geschlagen, nachdem er sich längere Zeit weit nach oben gedrängt hatte.

Marlene suchte unser Gespräch. Wir hatten es indessen oftmals im Freien geführt, so daß es manches Mal spontan zustandegekommen war. Wir machten uns klar, daß wir mit Rückschlägen rechnen müßten - und zwar alle, die sich im Moment um die Psychologin versammelt hatten.

Es ist nicht leicht, krank zu sein, fühlte ich erneut und beneidete abermals alle gesunden Menschen. Aber die wußten nichts von ihrem Reichtum, gingen häufig leichtsinnig damit um. Dabei dachte ich an die vielen rauchenden und alkoholtrinkenden, sogar rauschgiftnehmenden Kinder und Jugendlichen. Marlene führte mich in die Gegenwart zurück: „Morgen ist Ostersonntag, der Pfarrer wartet auf Euch. Vielleicht komme ich auch zum Gottesdienst."

Ein stiller Abend schloß den Tag ab. Wir saßen im Versammlungsraum mit einem Buch in der Hand. Aus einem Radio drang leise Musik. In meinem Zimmer erklang später Schuberts „Unvollendete". - Dann schlief ich ein, ohne diesen Titel der berührenden Klänge als Symbol hingenommen zu haben und ohne daran zu denken, aus welchem Grunde der noch junge Komponist sein Werk nicht hatte zu Ende bringen können.

Am Ostersonntag schien die Sonne so schön, als hätten wir Frauen sie eigens bestellt. - „Frühgymnastik fällt heut aus!" rief Schwester Ilses. Mir war es recht, ich verspürte einen gesunden Appetit auf Frühstück. Aus dem Radio ertönten Frühlingslieder bis in den Speisesaal hinein. Die Frauen ließen sich davon anstecken. Sie waren aufgeschlossen und munter. Sogar einige lachende Stimmen vernahm mein Ohr.

Die Heimleitung ließ sich etwas einfallen zur Osterzeit. Sie hatte unsere Tische österlich dekoriert, wodurch der gesamte Raum einen frühlingshaften Zauber erhielt. Die bunten Sträuße auf jedem Tisch hatten einen großen Anteil daran. Osterglocken und Tulpen standen dort in hübschen kleinen Vasen, wohlgeordnet. An jedem Platz fanden wir ein buntes Osternest mit gefärbten Eiern und Schokolandenhasen. Obenauf thronte ein kleines gelbes Küken, das wir aus der Bastelstunde kannten. Zum Frühstück servierte man uns Kuchen, den es sonst nicht gab. „Das ist ja wie daheim!" lachte mich meine Tischnachbarin an. Das empfand ich auch so und war dankbar dafür.

Frank mußte ohne mich klarkommen. Gleich am Morgen hatte ich ihm telefonisch einen Ostergruß geschickt. Er wünschte mir ein fröhliches Fest. Wird es fröhlich werden? hörte ich mein Inneres. Im Augenblick ging es um die Frage, wer von der Gruppe am Gottesdienst in der Nachbargemeinde teilnehmen würde. Die Reaktionen der meisten waren unklar. „Ich weiß nicht recht", sprach Christine vor sich hin. Eine unverkennbare Unentschlossenheit war zu spüren. Unüberhörbar meldete sich dagegen Gertraude, eine Frau im Alter von etwa 70 Jahren: „Für mich gibt es keine Frage, ich besuche jeden Sonntag einen Gottesdienst. Mich kann man davon auch hier nicht abhalten. Der Pfarrer ist klug, seine Predigten haben mir bislang immer etwas geben können. Heute ist Ostern, wie wir ja alle feststellen können in diesem Raum, er wird sich etwas Besonderes einfallen lassen!" Und schon erhob sich Gertraude, um sich auf ihren Kirchgang vorzubereiten.

Ihre Worte zeigten Wirkung. Vor dem Heim versammelte sich eine größere Gruppe. Wir wollten gemeinsam losgehen, das würde Spaß bringen. Unter uns weilte Marlene mit einem richtigen Sonntagsgesicht. Wir nahmen den kürzeren, wenn auch anstrengenderen Weg ins Dörfchen hinunter - vorbei an den noch immer schön anzusehenden Waldfrühblühern und an singenden Vögeln in den Bäumen. Die Gehwege vor den Eingängen zu den kleinen Häuschen waren frisch gekehrt, als wollten sie uns zusätzlich zu unserem Gang in die Kirche einladen. Die Bewohner würden wir dort antreffen können, dachte ich mir und blieb ein wenig zurück.

Wir waren an der Stelle angekommen, wo unlängst eine alte Frau Ilona mit einem Blumenstrauß alles Gute gewünscht hatte, als hätte sie gewußt, was passieren sollte. Diese Oma pusselte heute nicht in ihrem duftenden Vorgärtchen. Sie war wohl unterwegs zum Gottesdienst. Ich wollte sie mit den Augen suchen.

Die Gruppe war indessen weit vorweggeeilt. Denkt niemand mehr an Ilona? Kann man einen Menschen so schnell vergessen? Ich fühlte einen leisen Kummer in mir wachsen. Deswegen beeilte ich mich, zu den anderen zu stoßen.

Mit uns wanderte eine Reihe von Bewohnern der dörflichen Kirche entgegen. Viele von ihnen kannten wir vom Sehen, und wir grüßten uns freundlich. Ein älterer Herr meinte: „Nur noch durch dieses Tal, dann sind Sie bereits am Ziel angekommen. Die Kirchturmspitze und die ersten Häuser am Dorfrand können Sie schon sehen.“ Ja, sie waren zuvorkommend zu uns, die meisten Einwohner der kleinen Ortschaften hier.

So nahmen wir die letzten Kilometer in Angriff. Die laue Luft verführte uns zum Bummeln durch die Wiesen. Nur eine von uns vermochte das nicht im geringsten zu beeindrucken - Gertraude. Sie marschierte hocherhobenen Hauptes an der Spitze, unter dem Arm ein dickes schwarzes Buch. „Warum rennst Du so?" rief ihr Andrea zu. „Es ist noch Zeit, und der Frühling meint es gut mit uns!" Und keß, wie sie manchesmal war, bohrte sie weiter: „Was trägst Du eigentlich unter Deinem Arm?"

Nun drehte sich Gertraude doch zu uns um: „Das ist mein Gesangsbuch. Ich nehme es immer mit zum Gottesdienst. Du meintest wohl, es wäre eine Bibel? Die habe ich natürlich auch. Sie liegt auf meinem Nachtschrank. Vor dem Einschlafen lese ich regelmäßig darin." Sie schwenkte ihren Arm und beeilte sich, ihr Ziel zu erreichen. „Du mußt ja gern zur Kirche gehen!" rief ihr Andrea hinterher, doch Gertraude konnte das nicht mehr hören.

Unter diesem Eindruck näherten wir uns ebenso dem noch fremden Dörfchen, das dem bekannten ähnelte. Bald galt unser Interesse seinem Mittelpunkt, der Kirche. Ich hatte während vieler Urlaubsaufenthalte mit Frank zahlreiche Gotteshäuser besichtigt - Gotteshäuser der unterschiedlichsten Bauarten: romanische, gotische und solche mit gemischtem Baustil, Häuser einfacher Art und solche mit großem Prunk und reicher Ausstattung. Ich konnte evangelische und katholische Kirchen unterscheiden. Besonders bei unseren Aufenthalten im Ausland nutzten wir alle Gelegenheiten, betraten schlichte Bergkirchlein bis hin zu mächtigen Kathedralen.

Welchen Eindruck würde die kleine Kirche auf mich machen, die nun unmittelbar vor uns lag? Ihr strömten mehrere Leute entgegen. An der offenen Eingangstür erkannte ich den Pfarrer wieder. Heute trug er seinen schwarzen Talar, der ihn würdig erscheinen ließ. Freundlich begrüßte er die Ankommenden per Handschlag.

Ich glaube, er hatte für jeden ein paar passende Worte parat. Das gefiel mir, es machte so menschlich. Eben war er einer sehr alten Frau beim Ersteigen der Treppenstufen behilflich.

Ich dachte an meine Großmutter. Sie war auch bis ins hohe Alter sonntags zur Kirche gegangen, und sie trug ebensolche Kleider wie diese hochbetagte Einwohnerin - einen schwarzen langen Rock und ein dunkles Tuch auf dem Kopf, das mußte scheinbar so sein.

Andrea hatte sich an meine Fersen gehängt. Beide standen wir ein wenig abseits, betrachteten mit Vergnügen das Geschehen an diesem herrlichen Ostersonntag um uns herum. Ein Blick zur Kirchturmuhr ließ uns noch ein knappe halbe Stunde Zeit. Der Kirchturm erschien mir sehr hoch zu sein. Mit seiner Spitze zeigte er in den Himmel hinein, als könne er auf diese Weise Kontakt mit dem Herren dort oben aufnehmen. Andrea lachte über meine Bemerkung. Sie fand heraus, daß der Turm weit über die Dächer der Häuser hinausragen müsse, um seine Bewohner besser bewachen und beschützen zu können. Ich fand ihre Bemerkung nicht zum Lachen und freute mich über ihre gute Beobachtungsgabe.

Andrea spazierte mit mir langsamen Schrittes um das Kirchlein herum. Es war gänzlich aus Holz, die glatten dunkelbraunen Außenwände, an denen ich meine Augen entlangwandern ließ, verrieten mir das. Schlicht und einfach war der Bau, passend zu den Menschen dieser Gegend und passend zum Charakter ihrer eigenen kleinen Häuschen. An der hinteren Front des Kirchenschiffes waren hohe Fenster eingelassen, auch sie einfach gehalten. Keine kunstvollen bunten Scheiben sahen wir da, sondern bescheidenes grünliches Fensterglas. Durch dieses müßte genügend Licht in den hinteren Innenraum fallen, auf den wichtigsten Teil überhaupt, auf den Altar, von dem aus der Geistliche sich an seine Zuhörer wenden konnte.

Um den Bau herum standen Tulpen und gelbe Forsythienbüsche in voller Blüte. Sie setzten einen hübschen Kontrast zu den alten Holzwänden und, wie sollte es anders sein, eine große Anzahl Osterglocken ergänzte das Bild. Wenige Meter weiter war vor mehreren Jahrhunderten ein Friedhof angelegt worden. „Wollen wir uns die Ruhestätte näher ansehen?" fragte mich meine Begleiterin. Ich war mir nicht sicher, ob sie dies mochte. Andrea nickte, mit ihren Blicken nahm sie die ersten Grabsteine wahr. „Wie alt diese Stätte ist!" sprach sie beeindruckt, und ihre Hand wies zu einem halbverwitterten Grabstein, auf dem die Jahreszahlen der Geburt und des Todes eines Mannes nur noch schwer zu erkennen waren. Seinen Nachnamen allerdings fanden wir auf mehreren Steinen.

An diesem friedlichen Ort lagen Generationen begraben, und alle hatten sie einmal gelebt und geliebt, geweint und sich gefreut, hatten fleißig gearbeitet und sich ausgeruht. Die Gräber waren liebevoll gepflegt. Überall leuchteten frische Blumen und gaben dieser Stätte etwas Frohes. Auf einem Seitenweg hatte man eine Gießkanne stehen lassen. Ihr Besitzer war schon in das Kirchlein geeilt - aus Angst, zu spät zu kommen. Sowieso läutete schon eine Weile die Glocke mahnend und festlich zugleich. Das war auch für uns ein Zeichen, die Kirche zu betreten. In mir hatte sich Melancholie breitgemacht. Auf Friedhöfe war ich noch nie gern gegangen. -

Uns empfing ein dunkler Innenraum, an den Seiten waren Bänke aus Holz aufgestellt, getrennt durch einen schmalen geraden Weg direkt zum österlich geschmückten Altar. Ich setzte mich auf eine von ihnen. Von ihr aus hatte ich einen guten Blick auf den alten

Taufstein und auf den Altar. Davor hatte der Pfarrer Aufstellung genommen. Er bestieg nicht die schlichte hölzerne Kanzel, wie ich mir vorgestellt hatte. Von dieser würde seine Predigt wie von oben herab gesprochen wirken. Damit mußte sich auch Andrea beschäftigt haben. Sie sagte zu mir: „Der Pfarrer spricht bestimmt von den Stufen zum Altar. So kann er einen besseren Kontakt zu seinen Zuhörern aufnehmen und diese werden es ihm danken." Ihr Argument leuchtete mir ein.

Zwei Reihen vor mir entdeckte ich Gertraude, neben ihr die liebe Oma aus dem Häuschen am Bergesrand. Beide strahlten Glücksgefühle aus, keine Silbe des Redners sollte ihnen entgehen, entnahm ich ihren Gesichtern. Wenn Glaube dazu imstande ist, kann er nicht schlecht sein, ging es mir durch meinen Kopf. Würde ich auch einmal glauben können? Dazu mußte sicher noch Zeit ins Land gehen, wenn Ehrlichkeit im Spiele sein sollte. Heucheleien, nein, das war nichts für mich! Das alles ließ mich meine innere Stimme wissen. Die äußere ermahnte mich zum besseren Zuhören.

Meine ungeteilte Aufmerksamkeit galt den Worten des Pfarrers. Ich stellte mich auf etwas Neues ein, auf Neues, das mir in schwierigen Situationen helfen könnte. Und ich sog seine Worte in mich ein, darauf eingestellt, erlebte Erfahrungen neu zu bereichern. In natürlicher Art und mit deutlicher Aussprache wandte er sich an seine Gemeinde. Besonders begrüßte er 15 Jungen und Mädchen, die er vor einer Woche konfirmiert hatte - und herzlich, wie mir schien, uns kranke Frauen, die wir hier zu Gast waren. Und ich selber fühlte mich ganz als ein Stück von ihnen.

Der Theologe spann einen weiten Bogen von der Kreuzigung Christi, über dessen Auferstehung bis in die unmittelbare Gegenwart der ihm aufmerksam zuhörenden jungen und älteren Menschen. Im ersten Teil seiner Ausführungen erwartete ich eigentlich so etwas wie Wut, Trauer oder gar Rachegedanken. Doch ich wurde bald eines Besseren belehrt. Das war nicht die Botschaft, die zu den Leuten hinüberkommen sollte. Vielmehr ging es um Verstehen, um Verzeihen und ein großes Gefühl von Hoffnung. Und damit zog der Pfarrer die Gemeinde und uns in seinen Bann. Auferstehung zur Oster- und Frühlingszeit war gleichzusetzen mit neuer Hoffnung für alle Menschen.

Eine wertvollere Nachricht könnte es gar nicht geben, glaubte ich und bildete mir ein, daß der Geistliche uns Frauen meinte. Immer wieder schaute er in die Richtung, wo wir unsere Plätze eingenommen hatten. Suchte er in unseren Gesichtern eine Antwort auf seine in den Raum gestellten Fragen? Andrea flüsterte: „Er spendet uns Trost, indem er uns Hoffnung macht. Er verfällt nicht in Klagen, sondern er ermutigt uns zum Weiterleben. Das finde ich gut."

Ich schloß mich ihrem Urteil an. Antworten konnte ich nicht, denn in diesem Moment erklang ein feierliches Lied, gesungen von den zahlreichen alten Leuten, bekräftigt von den anwesenden Jugendlichen. Auch Gertraude hatte ihr Gesangsbuch aufgeschlagen und brachte ihre Töne ein in die gemeinsame Melodie, die ich nicht genau kannte und die mich deswegen zum Zuhören verdammte. So wurden mir die vielen alten hohen Stimmen deutlich, die manchmal so klangen, als würden sie erzittern. Von der Orgel vernahm ich die mir fremde Melodie, ihr Spieler unterstützte klangreich den Gesang.

Und damit galt mein Interesse ganz den sich anschließenden wunderschönen Klängen dieses Instrumentes. Ich liebte schon seit meiner Jugend seine majestätische Ausstrahlung. Ich hatte mich selbst während meines Studiums auf einem solchen Instrument versuchen dürfen, wodurch meine Achtung vor den großartigen Organisten dieser Welt anstieg. Hier in dieser bescheidenen kleinen Kirche stand eine Silbermannorgel - ein seltenes kostbares Stück. Das hätte ich nicht für möglich gehalten!

Soeben zeigte der Organist sein Können - ein Ausschnitt aus einer Fuge von Johann Sebastian Bach, wie ich erkannte. Ich schloß meine Augen, gab mich der Wirkung dieser in aller Welt bekannten Musik hin - wie gut das tat! Seine vollen Akkorde durchströmten den Raum und auch mich selber. Ich fühlte mich, als hätte ich unter einem Springbrunnen gestanden, aber dieser sprudelte kein Wasser, sondern ungezählte aufeinander abgestimmte wohlklingende Töne. Niemand wagte, auch nur ein einziges Wort zu äußern.

Solche Töne erklangen auch beim Verlassen des Gotteshauses, als wollten sie uns begleiten auf unserem Weg. Als sich die Frauengruppe versammelte, kam, wie erwartet, der freundliche Pfarrer herüber. Er brachte Genugtuung über unseren Besuch des Gottesdienstes zum Ausdruck und lud auch zu dem folgenden ein.

Damit war genug Gesprächsstoff für den Rückweg gegeben. Marlene würde uns nicht mehr auffordern müssen zu einem Meinungsaustausch. Wir hatten das Bedürfnis danach weiterentwickelt. Gertraude lobte gleich noch einmal in hohen Tönen den Pfarrer und seine Predigt. Alle anderen suchten nach einem Standpunkt. Marlene sollte es nur recht sein, sie hatte uns bislang immer Zeit zum Nachdenken eingeräumt. Und in dieser Situation brauchten wir sie - ich auch. Auf halber Höhe des Berges, als uns die Luft auszubleiben schien, standen wir beisammen.

Andrea meldete sich unüberhörbar: „Der Gottesdienst, die Kirche und der Pfarrer selber, das alles hat mir gut gefallen, hat mich beeindruckt. Ich bin mir nicht sicher, ob ich aus den hoffnungsvollen Worten der Predigt auch tatsächlich Trost mitnehmen kann. Ich werde sehen, ob es dem Pfarrer gelungen ist, meine Seele zu stärken. Im Augenblick fühle ich mich pudelwohl, das ist hervorragend. Aber was werde ich empfinden, wenn sich die Krankheit wieder einmal in all ihren Ausmaßen meldet?"

Dem brauchte ich nichts mehr hinzuzusetzen, denn Andrea hatte mir aus dem Herzen gesprochen - und sie hatte die Meinung der meisten Fauen getroffen. Jetzt meldete sich Christine zu Wort. Es drängte sie förmlich dazu, denn sie sah ungeduldig aus: „Das alles ist gut und schön. Aber bitte, beantwortet mir die folgenden Fragen, wenn Ihr Euch dazu in der Lage fühlt: Gäbe es einen Gott, der die Menschen wahrhaftig liebte, hätten wir dann unsere schlimme Krankheit? Gäbe es Kriege und all die vielen Dinge auf der Welt, die uns nicht gefallen können? Warum läßt er zu, daß Menschen verhungern, aus welchen Gründen quälen sich so viele in Kliniken und Krankenhäusern? Ich weiß nicht, was ich davon halten soll!" schloß sie mit Verbitterung, ohne alle Argumente ausgeschöpft zu haben.

Das bedeutete eine Herausforderung für uns, aber in erster Linie für Gertraude. Sie beeilte sich mit ihrer Antwort: „Deine Fragen lassen mich deutlich erkennen, daß Du im Grunde genommen leider nichts weißt, um richtig urteilen zu können. Bedenke doch, alles kommt von Gott - Gutes und weniger Gutes! Du mußt es hinnehmen, wenn er Dich prüfen will, es ist eine Gnade für Dich. Es ist noch viel mehr - die Vorbereitung auf ein Jenseits im Himmel nach

Deinem Tode!" Gertraude sprach dies mit der Kraft großer innerer Überzeugung. Ich sagte zu Marlene, daß diese Frau in ihrem Glauben fanatisch sein müsse. - Den anderen war anzusehen, daß sie zunächst einmal auf Erden glücklich sein wollten. -

Mit Christine und meiner Tischnachbarin Renate unterhielt sich Gertraude noch eine geraume Zeit. Wir übrigen erfreuten uns an den unzähligen duftenden blauen Veilchen, die wir überall an den Wiesenrändern pflücken konnten. Ich sammelte einen dicken Strauß davon. In meinem Dachstübchen stellte ich ihn in eine kleine Vase, der Raum schwebte voller Veilchenduft. Das hätte auch Ilona gefallen. Und wieder vermißte ich sie schmerzlich, während ich mich aus dem Fenster lehnte.

Der Gong lud uns alle zum Mittagsmahl ein. Es wurde ein kleines Festessen. Ich aß mit gesundem Appetit, schaffte erstmals alle drei Gänge. Dann ruhte ich mich in meinem „Vogelnest" aus von unserer Wanderung und den vielen damit verbundenen Eindrücken. Ich war zufrieden mit meiner Entwicklung. -

Den Nachmittag genossen wir unterschiedlich. Gertraude saß in ihrem Zimmer. Wie immer würde sie die freien Stunden der Bibel widmen. Ich zog einen Gang an frischer Luft vor. Eine Wanderung mußte es nicht schon wieder werden. Spazierengehen und die Seele baumeln lassen, das, so sagte mir mein Empfinden, würde guttun. „Einfach immer der Nase nach", gab ich Andrea locker zur Antwort, als mich diese drängend nach meinem Ziel fragte. Sie schloß sich mir an, wie häufig in der letzten Zeit. Ich gewann den Eindruck, als trüge sie etwas mit sich herum. Würde sie darüber sprechen wollen? Doch in den nächsten Tagen war es Gertraude, die in den Mittelpunkt unseres Interesses rückte.

Gertraude

Nach Ostern war Gruppenstunde. Dr. Michaelis hatte Marlene darauf hingewiesen, den Austausch über den Umgang mit unserer Krankheit zu verstärken. So kamen wir am Dienstag nach den Feiertagen erwartungsfroh zusammen. Was wir allerdings noch nicht wußten, war die Bereitschaft Gertraudes, aus ihrem Leben und ihrem Verhältnis zu ihrer Krebserkrankung zu erzählen. Vielleicht hatte Marlene sie darum gebeten. Im übrigen interessierte uns diese Frau, besonders nach ihren Äußerungen am Ostersonntag.

Wir saßen in dem bekannten Stuhlkreis, streckten die Füße weit von uns, als könnten wir dadurch unsere Aufmerksamkeit erhöhen. Durch die Fenster fiel trübes Licht. Der Monat April zeigte sich noch einmal von seiner schlechten Seite, bevor er das Zepter an den freundlichen Mai abgeben mußte. „Draußen versäumen wir nichts", meinte Andrea, die ihren Stuhl auffallend nah an meinen herangerückt hatte. Eben knipste Marlene eine geschmackvolle Stehlampe an - ein Zeichen für Gertraude zu beginnen.

Ich konnte diese Frau von meinem Platz aus gut beobachten. Sie hatte sich extra fein gemacht. Sie trug eine hochgeschlossene weiße Bluse und einen dunklen längeren Rock dazu, an den Füßen ebenso dunkle feste Halbschuhe zum Schnüren. So hatten wir sie noch nie gesehen. Das silberweiße Haar, war wie immer, streng nach hinten gekämmt und im Nacken zu einem kleinen Knoten zusammengesteckt. Die Gestalt wirkte hager, sehr hager. Sie saß nicht gerade, sondern nach vorn geneigt, denn ihr Rücken war gekrümmt. Sie schien es immer eilig zu haben. Wie oft hatte ich sie schon auf ihren dünnen Beinen davonflitzen sehen!

Ich schaute in ihr Gesicht. Im Moment zeigte es hektische rote Flecken, ansonsten war es gekennzeichnet von ungezählten Falten und Fältchen. Rechts und links von den Mundwinkeln herab zogen sich zwei tiefe Furchen, wie ich sie auch zwischen zwei schmalen blauen Augen fand. Sie ließen Gertraude älter erscheinen als sie war. Sieben Jahrzehnte würden schon hinter ihr liegen, hatte sie einmal mit Dankbarkeit in der Stimme während einer Wanderung zu uns gesagt, als wir sie neugierig nach ihrem Alter fragten. Damit war sie die älteste Patientin unseres Kurdurchganges und als solche auch etwas Besonderes, wie ich fand.

Gertraude war mir auf dem Kirchgang aufgefallen. Jemand von ihrer Art gab es sonst unter uns nicht. Immer wurde sie von irgendetwas getrieben, niemals schien sie Zeit zu haben. Was mochte sie so ruhelos geformt haben? Noch konnte ich mir diese Frage nicht beantworten. Ich erinnerte Andrea: „Weißt Du wie sie zu Ostern vor uns hereilte, um möglichst schnell zum Gottesdienst zu gelangen?"

Andrea lachte und ergänzte, wobei sie meinen Arm drückte: „Ach, hast Du nicht bemerkt, wie sie sich bei den Mahlzeiten verhält? Achte mal darauf! Sie kann keinen Moment stillsitzen. Sie ißt hastig ihren Teller leer, um beim weiteren Bedienen und Abräumen behilflich zu sein. Dann rennt sie durch die langen Gänge und trägt mehr als die Serviererin. Neulich hat sie sich sogar in der Küche angeboten, aber die Köchin hat abgelehnt. Das könnte mir nun wirklich nicht passieren!"

Ja, das paßte zu Gertraude; Arbeit, viel Arbeit müßte ihr äußeres Erscheinungsbild geprägt haben, konnte ich mir vorstellen. Eigentlich wollte ich ein wenig mit Andrea darüber fachsimpeln, doch Marlene bat um Ruhe. Bevor Gertraude ansetzte, fuhr sie sich mehrmals mit ihren verarbeiteten Händen über Gesicht und Kopf und erst, als ihr die Psychologin zweimal aufmunternd zugenickt hatte, begann sie mit dünner Stimme:

„Ich bin Jahrgang 1920. An einem Wintertag im Monat Februar brachte mich meine Mutter als drittes Kind nach zwei Söhnen auf diese Welt. Mein Vater freute sich nicht über mich. Er hatte sich auf einen dritten Jungen eingestellt. Die grimmige Kälte konnte meine Eltern nicht stören, wir hatten genug Brennmaterial. Damit beheizte ein Knecht unser Bauernhaus in der Nähe der Nordsee.

Ich wuchs in einem wohlhabenden Hause auf. Ich kannte keinen Hunger, mußte niemals frieren. Uns umsorgten neben dem Knecht zwei junge Hausmädchen. Eine davon, sie hieß Auguste, war für uns Kinder zuständig. Darum schlief sie auch in einem Zimmer, das neben dem unseren im ersten Stock des stattlichen Hauses lag. Meine beiden Brüder konnten tun und lassen, was sie wollten. Sie genossen eine Sonderstellung. Zu Arbeiten im Haushalt wurden sie erst gar nicht hinzugezogen, das wollte der strenge Vater nicht. Ich dagegen war ständig eingespannt - in der Küche, auf dem Hof, in den Ställen, auf dem Feld, überall. Nur einmal habe ich mich deswegen zu beschweren versucht, dabei blieb es auch. Mein Vater hatte mir mehr als nur ein paar Takte zugeflüstert, das setzte sich bei mir für ein Leben fest.

Auch meine Mutter führte ein Dasein voller Arbeit, ohne persönliche Lieblingsbeschäftigung und erst recht ohne Vergnügungen. Für meinen Vater hatte sie stets parat zu sein, ob in der täglichen Pflichterfüllung oder im Bett.“ - Bei dem letzten Gedanken war Gertraude leicht errötet. Sie sah nach unten, als sie fortfuhr: „Ihre einzige Abwechselung war der sonntägliche Gang zur Kirche. Da sah man dann die Eltern vereint beisammen, denn der Vater legte großen Wert darauf, was man über ihn im Dorfe redete. Ansonsten aber lebte er egoistisch. Seine Interessen mußten zuerst berücksichtigt werden, danach die seiner Söhne, schließlich die der Ehefrau und manchmal auch die meinigen.

Er regierte noch in meine Entwicklung hinein, als ich schon erwachsen war. Seine Vorstellung vom Familienleben schrieb er für mich fest, als an meinem ersten Geburtstag die Nachbarn bei uns in der Wohnstube erschienen. Sie hatten einen zehnjährigen Sohn bei sich, und man versprach mich diesem zur Frau. Sie versprachen sich dadurch mehr Besitz und Reichtum.

Meine beiden Brüder konnten regelmäßig zur Schule gehen und erhielten eine ordentliche Ausbildung. Sie machten sich oft über mich lustig, weil ich nur wenig lesen und schreiben konnte. Ich besuchte nämlich nur unregelmäßig die Schule. Wenn es die Pflicht nicht zuließ, blieb ich zu Hause zur Erledigung anfallender Aufgaben. Nur Auguste tat ich leid. Abends durfte ich oftmals in ihr Zimmer kommen. Dann tröstete sie mich liebevoll. Sie übte mit mir ein wenig das Rechnen, schrieb mir Buchstaben vor, die ich in meinem Bett unter der Decke nachmalte. Meiner Mutter war das nicht entgangen, sie duldete unser Geheimnis. Vielleicht war sie sogar froh über die Zuwendung von Auguste. Ihr waren ja die Hände gebunden. Doch das erkannte ich erst viel später, als ich einmal von der Haushaltsschule zurückkam, zu der mich meine Eltern angemeldet hatten und wo ich auch immer pünktlich zu erscheinen hatte. Ich fand die Mutter weinend in der Stube. Ich glaube, sie war in ihrem ganzen Leben sehr unglücklich, vermochte dies jedoch nicht zu verändern."

Gertraude unterbrach ihren Redefluß und atmete mehrmals deutlich durch. Lange hatte sie sich mit der Schilderung ihres Elternhauses beschäftigt.

Wir Zuhörerinnen erwarteten etwas mehr über sie selber. Ich nutzte die Gelegenheit, um Andrea zuzuflüstern: „Gertraude ist sicherlich von ihrer lieblosen Kindheit und Jugend für das gesamte Leben geformt worden. Sieh sie Dir doch an, welchen Eindruck man von ihr haben muß!"

Etwas lauter erwiderte sie: „Was bin ich froh, daß ich von so einem Elternhaus verschont worden bin!" Ich sah ihr dies an, denn ihre Wangen hatte sie aufgeplustert, mit der rechten Hand schlug sie sich mehrmals auf den Schenkel. Ich freute mich über ihre Offenheit, wußte ich doch dadurch, was ich von ihr zu halten hatte.

Gertraude hatte sich gefangen und fuhr fort: „Jedenfalls gebar meine Mutter noch mehrere Kinder. Ich bin mir nicht sicher, wieviele es waren, denn sie verstand es, ihren Zustand vor uns zu verbergen. Der Vater saß die meiste Zeit in Kneipen, wo er reichlich dem Alkohol zusprach. Wenn er nach Hause kam, hörte ich ihn schon von weitem grölen. So geschah es immer öfter, ich gewöhnte mich daran. Manchmal kam er auch gar nicht an, ich glaube, dann verbrachte er die Nacht mit irgendeinem billigen Mädchen, von denen es in der Umgebung genug gab.

Ich mußte mich um die Kleinen kümmern - immer wieder, Jahr für Jahr. Neben dem Kirchgang war das mein Leben und ich fand mich endgültig damit ab. Ich habe ja kein anderes kennengelernt. Selten sprach man bei den Mahlzeiten über Robert, meinem zukünftigen Mann. Er wohnte schon lange Zeit nicht mehr im Dorf. Ich war der Meinung, er genoß eine Ausbildung in einer größeren

Stadt nahe der Küste. Aber das teilte mir niemand mit, ich konnte es einem anderen Zusammenhang entnehmen.

Als ich 18 Jahre alt wurde, bestellten mich meine Eltern zu sich in die Stube. Das kam mir gleich ungewöhnlich vor. Mich befiel deswegen eine große Unruhe. Man teilte mir mit wenigen Worten mit, daß Robert zurückgekommen sei und legte den Hochzeitstermin auf vier Wochen später fest. Mich fragten sie erst gar nicht nach meiner Meinung, ich hatte zu folgen. Und ich hätte mich auch gar nicht gewehrt. Schließlich heißt es, daß man seine Eltern achten soll. Das hatte ich zur Genüge erfahren auf Gottesdiensten und darüberhinaus kannte ich noch mehr Gebote und Verbote, an die ich mich halten wollte.

Der Tag meiner Hochzeit kam schnell heran. Wie ich mich erinnere, traf ich zuvor zwei- bis dreimal mit Robert zusammen. Wir wechselten nur wenige Worte miteinander. Ich spürte von Anfang an Angst, sogar Unterwürfigkeit, wenn ich ihm begegnete.

Auf der Hochzeitsfeier betrank sich mein Vater über alle Maßen, Robert mußte es ihm gleichtun. Ich tanzte nur einmal mit meinem Mann. Die Mutter saß still in einer Ecke. Am meisten amüsierten sich die zahlreich erschienenen Gäste aus Nah und Fern. Sie sollten von dem Reichtum meines Vaters geblendet werden. Das war ihm wichtig. Für mich hatte er keinen Gedanken übrig, das hatte sich mit diesem Tage für ihn erledigt. Wenn Ihr jetzt denkt, daß ich mich darüber geärgert hätte, seid Ihr im Irrtum! Ich nehme ja noch heute alles so, wie es kommt - es ist sowieso von Gott gegeben", hörten wir Gertraude mit fester Stimme. Da war sie wieder, die eindeutige Meinung dieser Frau, die wir bereits kennengelernt hatten und die wir schwer nachvollziehen konnten. Ich vermochte mir nun auch vorzustellen, wie die folgenden Jahre Gertraudes verlaufen sein könnten - karg und uneigennützig.

Sie bestätigte meine Vermutungen. Allen ihren Äußerungen konnte ich entnehmen, daß sie das Leben ihrer Mutter im Grunde genommen fortführte. Sie ertrug es, weil sie streng gläubig war. Den Sonntag widmete sie zu einem großen Teil ihrer Religion. In der Kirche nahm sie bald einen Stammplatz ein. Sie kannte weder Kino noch Theater, außer der Bibel und ihrem Gesangsbuch nahm sie nie ein anderes Buch in die Hand. Ich bedauerte sie in meinem Inneren, hielt ich sie doch durchaus für bildungsfähig. Aber es hätte sie schon längst ein anderer aus ihrem anspruchslosen Dasein herausreißen müssen.

Gertraude war bislang nicht ein einziges Mal verreist, Urlaub war ihr fremd. Immer blieb sie in ihrem Heimatdorf. Nur Dreimal fuhr sie in die Stadt, um der Aufforderung der dortigen Behörde Folge zu leisten. Ihre erste Reise mit einem Zug führte sie zu uns auf den Berg. Und sie sprach weiter: „Hier gefällt es mir gut, ich kann mich ausruhen." Daß sie dies sehr nötig hatte, ergab sich aus der weiteren Darstellung ihres Weges: „Nach der Hochzeit zog ich in das Bauernhaus, das Roberts Eltern gehörte und das er später erben sollte.

Für alles war ich verantwortlich - für die Tiere, für die Arbeit im Hause und auf den Feldern. Ich rackerte von früh bis spät, ohne es meinen Schwiegereltern jemals recht zu machen. Einmal sprach der Vater Roberts mich unzufrieden an: 'Warum schreien die Schweine so laut, willst Du sie verhungern lassen?' - Und dabei war ich von den frühen Morgenstunden an auf den Beinen. Ich schluckte eine Antwort hinunter, Robert hätte deswegen mit mir geschimpft.

Nach einem Jahr gebar ich mein erstes Kind - ein Mädchen. Nun mußte das auch noch von mir versorgt werden. Und es war nicht einfach, oft wurde es krank. So hätte der Tag manchesmal doppelt so lang sein können. Ich erbat von Robert ein Hausmädchen, wie ich es von zu Hause aus kannte. Aber er verweigerte es mir, indem er mich wissen ließ: 'Soviel Geld haben wir nicht! Teile Dir Deine Zeit besser ein!' Daran war nicht zu rütteln.

In den nächsten zehn Jahren brachte ich noch sechs Kinder zur Welt - fünf Jungen und ein Mädchen. Ich nahm sie an wie von Gott gegeben. Niemals hätte ich ein Kind abtreiben können, wie das heute üblich ist! Ich erzog sie und brachte ihnen bald das Arbeiten bei, denn ich wußte, daß ich eines Tages ihre Kraft brauchen würde. Von Robert bekam ich wenig Unterstützung. Er fuhr am liebsten in die Stadt, wo er unsere Produkte verkaufte. Manchmal kam er von dort spät zurück, und ich mußte an meinen Vater denken. Im Hause fand man ihn meist am Tisch der Wohnstube sitzend, im Mund eine Zigarre, vor sich ein großes Glas Bier. Manchmal spielte er mit den Kindern Karten, aber das kam selten vor. Immer ermahnte er mich zur Sparsamkeit, obwohl ich nie verschwenderisch gelebt habe. Und mit den Jahren habe ich tatsächlich ein kleines Vermögen erarbeitet. Das sollen einmal nach meinem Tode die Kinder erhalten, habe ich mir fest vorgenommen. Ich brauche nichts davon."

Immer, wenn Gertraude ihre Kinder erwähnte, erschien ihr Gesicht noch älter zu werden, als es ohnehin war. Jetzt war sie blaß geworden. Doch nach einer kurzen Pause fand sie zurück zu ihrer sachlichen Erzählweise. Wir erfuhren von ihrer immerwährenden schweren Arbeit auf dem Bauernhof. Sie wirkte stolz, als sie meinte:

„Von Robert konnte ich nicht viel erwarten. Ich habe meine sieben Kinder selbst ernährt. Fünf von ihnen schwirren heute in aller Welt herum. Ich glaube, sie wollen ein anderes Leben als ich führen. Mein Mann verstarb vor fünf Jahren an Herzinfarkt. Die Zeit davor habe ich ihn aus seinem Sessel nicht mehr herausbekommen. Gott habe ihn seelig!" Die Frau bekreuzigte sich schnell. Jetzt erklang ihre Stimme doch traurig: „Auf dem Hofe lebt noch mein jüngster Sohn mit seiner jungen Frau. Aber sie haben es auf mein Geld abgesehen!"

Mit gerötetem Gesicht brachte sie dazu ein Beispiel, als hätten wir ihr sonst nicht geglaubt: „Vor etwa acht Wochen war ich, wie immer, sonntags in unserer Kirche. Nach Beendigung des Gottesdienstes hielten mich ein paar Mitglieder des Kirchenrates eine Weile fest. Sie baten mich um meine Bereitschaft zur Mitarbeit. So kam ich etliche Zeit später als gewöhnlich zu Hause an. Als ich im Schlafzimmer den Mantel in den Kleiderschrank hängen wollte, bemerkte ich, daß an meinem Bett irgendetwas anders war als sonst. Es war zerwühlt, die Matratze lag unordentlich in einer Ecke. Mir wurde übel. Daran kann ich mich genau erinnern, denn bislang kannte ich so etwas nur vom Hören. Mein Sparbuch! schoß es mir durch den Kopf. Ich konnte es nicht finden und hatte es doch immer so sehr behütet. - Meine Kinder, meine eigenen Kinder hatten es mir entwendet! Das war unfaßbar! Nur mit viel Mühe und noch mehr Aufregung gelangte ich wieder in seinen Besitz. Jetzt liegt das Geld sicher auf einer Bank in der Stadt. Ich habe den Ratschlag des Pfarrers angenommen."

Ich dachte, daß Gertraude wenigstens mit der zweiten Tochter eine Hilfe erhalten hatte. Doch ich sah mich getäuscht. Bärbel, wie sie heißt, sitze seit zwei Jahren im Rollstuhl - ein Verkehrsunfall in der Stadt, lautete nüchtern Gertraudes Erklärung. Und damit war sie wieder bei ihrer alten Rolle angekommen: Für andere dasein, selbst aber nichts von anderen erwarten können!

„Auf diese Weise wird ihr Leben irgendwann zu Ende gehen", hörte man Christine sagen. „Aufopferungsvoll, ungedankt! Die neue Zeit ist ohnehin an ihr vorbeigegangen", fuhr sie erörternd fort. Marlene, die allem schweigend gefolgt war, nickte vor sich hin. Dann bat sie Gertraude um Fortsetzung ihrer Gedanken.

Die Erzählerin wirkte noch erstaunlich frisch. Offensichtlich tat es ihr gut, auch einmal über sich zu sprechen. Ich dachte mir, daß ihre Krankengeschichte folgen müßte. Ich konnte mir in etwa vorstellen, wie sie damit umgegangen war. Gertraude sprach bescheiden weiter: „Vor einem halben Jahr bin ich das erstemal in meinem Leben erkrankt. Nie zuvor war mir das passiert, wofür ich meinem Schöpfer herzlich danke. Ja, und dann habe ich das wohl gründlich nachgeholt", scherzte sie sogar. „Ich mußte doch tatsächlich in ein Krankenhaus!" - Wir konnten ein Lächeln nicht unterbinden, auch Marlene zeigte ihre Grübchen.

Gertraude bemerkte das nicht, denn sie fuhr schon fort: „Mich quälten andauernd Rückenschmerzen. Aber mein Sohn beruhigte mich, indem er sagte: ‚Mutter, das kommt von der vielen Arbeit!' Da hat er sicher etwas Wahres getroffen, dachte ich. Dann aber fand ich eines Tages in meiner Unterwäsche rotbraune Spuren! Das mußte Blut sein! In meinem Alter! Ich war sehr erschrocken.

Was sollte ich bloß tun? ‚Ein Arzt!' riet mir eine Nachbarin, die ich seit Jahrzehnten kannte. Dazu hatte ich nun gar keine Lust! Zu einem Doktor war ich in meinem Leben noch niemals gegangen. Als meine Beobachtungen sich wiederholten, fuhr ich doch in die

Stadt. Ein Frauenarzt untersuchte mich, was ich nicht erfreulich fand. Dann erklärte er mir, daß ich operiert werden müsse. ‚Was soll denn das?' fuhr ich ihn an. ‚Ich war noch nie krank, und jetzt muß ich sogar in ein Krankenhaus?' Ich fand mich auf einer Station wieder. Die Operation war schnell erledigt. Große Gedanken habe ich mir nicht gemacht, denn in einem langen Abendgebet habe ich mein Schicksal in die Hände Gottes gelegt."

Ein Gynäkologe hatte Gertraude die Gebärmutter entfernt. Eine Totaloperation, vor der sich alle Frauen fürchten, war nötig geworden. Der Gewebebefund hatte Verdacht auf Krebs zugelassen. Gertraude lag in dem Krankenbett - unverzagt. Ein Wort des Klagens kam nicht über ihre Lippen.

Ich kannte die Gründe ihrer Haltung: Ein fester Glaube und Gottesergebenheit! Auch nach dem Verlassen der Krankenstätte blieb Gertraude versöhnlich. „Wenn meine Stunde gekommen ist, werde ich abtreten", beendete sie schlicht ihren ungewöhnlichen Lebensbericht. „Alles ist allein Gottes Wille!"

Wir Zuhörenden empfanden oft Angst beim Umgang mit unserer Krankheit, fühlten Zweifel oder verfielen gar in Depressionen. Sie schien das alles nicht zu kennen.

Es wurde deutlich, daß wir uns mit dieser Erscheinung beschäftigen würden. Eine Diskussion mit der Psychologin schien überflüssig. „Die Kurpatientinnen werden erstaunlich selbständiger!" erklärte sie am Abend Dr. Michaelis. Dieser nahm es mit Genugtuung zur Kenntnis. Er antwortete darum auch nur kurz: „Das müssen sie auch. Die längste Zeit des Aufenthaltes hier liegt hinter ihnen. Sie sollen viel mit nach Hause nehmen können!"

Nach einem erholsamen Bummel durch unseren liebgewonnenen Kurpark wandte ich mich meiner Aufstellung zu. Viele Erfahrungen und Anregungen hatte ich bereits vermerkt. Es fehlte noch Gertraudes Art, mit ihrer Krankheit umzugehen. Diese fügte ich jetzt hinzu, immer diese Frau vor Augen und ihren starken Glauben. Marlene wartete schon auf meine Notizen. Noch einmal ließ ich langsam die Gedanken an mir vorbeiziehen. Da klopfte Andrea an meine Tür. Es war an der Zeit, die Psychologin aufzusuchen. Auf dem Programm standen Entspannungsübungen, wie immer um diese Stunde.

Ich warf mich rasch in meinen Jogginganzug. „Zieht Euch etwas Lockeres an, wenn Ihr zum Üben kommt!" lautete Marlenes Anweisung. Andrea verfolgte mich mit ihren Blicken. Das empfand ich mit Unwohlsein, ich verwarf aber dieses Gefühl, denn nun hieß es, sich zu konzentrieren. Der kleine Sportraum war bestens vorbereitet. Durch das geöffnete Fenster strömte frischer Sauerstoff herein. An der rechten Wand waren bequeme Stühle aufgestellt. Am Fußboden lagen eine Reihe leichter Matten. So empfing uns dieser Raum zu Entspannungsübungen. Marlene hielt sie für wichtig. Sie legte großen Wert auf ein vollständiges Erscheinen und auf Pünktlichkeit.

„Hierin liegt ein Schlüssel im Umgang mit Eurer Erkrankung", so waren ihre Worte, als wir uns zum erstenmal zum Zwecke gemeinsamen Übens bei ihr eingefunden hatten. Und weiter hatte sie erklärt: „Entspannung ist das A und O. Es bedeutet Abbau von inneren Verkrampfungen, von Angstgefühlen, von Aufgeregtsein! Mit der Zeit werdet Ihr spüren, wie gelassen und ausgeglichen Ihr mit Hilfe dieser Methode werden könnt. Ich muß allerdings Euren guten Willen voraussetzen. Ohne diesen wird nichts werden."

Nach diesen kurzen Erläuterungen konnten wir Fragen an die Psychologin richten. Ich hielt mich zurück, denn ich hatte mich mit dem autogenen Training bereits vor mehr als fünf Jahren angefreundet und es beibehalten, nachdem ich gut damit zurechtgekommen war. Ich konnte durchaus Erfolge verbuchen und mochte diese Form der Entspannung nicht mehr missen.

Renate wollte wissen, wie lange man üben müßte, um erste Ergebnisse zu verspüren. Marlene gab für alle zur Antwort: „Das ist unterschiedlich von Person zu Person. Ich denke, daß nach einem halben Jahr fleißigen Übens Entspannungsmomente zu spüren sein müßten. Wichtig ist dabei die Regelmäßigkeit, sehr wichtig sogar. Oft ist es so", und das sagte sie mit einem kleinen Augenzwinken, „daß die Übungen vergessen werden, wenn man sich etwas besser fühlt. Genau da liegt ein erheblicher Fehler. Man muß dann von vorn beginnen, echte Erfolge lassen länger auf sich warten."

Christine erkundigte sich danach, ob mit Hilfe von Entspannungsübungen Beruhigungstabletten überflüssig werden könnten, was für uns durchaus eine interessante Frage war. Marlene bejahte dies, womit sie gleichzeitig motivierte. Dann zeigte sie einen Film zum autogenen Training in einer Gruppe. Dazu meinte sie erklärend: „Auf diese Weise werden wir während Eures Kuraufenthaltes verfahren."

Das Video interessierte uns, es war gut aufgebaut. Nur ab und zu hörte man ein Flüstern - und das gehörte auch zum Thema. Marlene hatte uns überzeugt. In der folgenden Zeit beteiligten wir uns regelmäßig an den Übungen unter ihrer Anleitung. Ich nahm trotz meiner Vorkenntnisse daran teil, denn die Psychologin bediente sich der Methode, mit der ich in das Training eingeführt wurde.

„Das kann für Dich eine Qualitätssteigerung oder gar eine Korrektur bedeuten", versicherte sie mir.

Anschließend bat sie uns, alles Einengende zu beseitigen - Hosen oder Röcke, auch Fingerringe. Wir streckten uns mit flachen Rücken auf den Matten aus. Wir lagen locker, ohne eine körperliche Anspannung. Als uns das gelungen war, erörterte Marlene die Grundstufe des Trainings: die Ruhestellung. Wir mußten die Augen schließen, durften kein Wort sprechen. Nur ihre gleichmäßige Melodiestimme war zu hören: „Ich bin ganz ruhig und entspannt, ich bin gaanz ruuhig und entspaant ..., gaaanz ruuuhig und entspaaant ... " Sie wiederholte dies und bat uns, Arme und Beine, den gesamten Körper locker zu halten.

Als einige Frauen später anmerkten, daß es sehr schwergefallen sei, ihren Körper zur Ruhe zu bringen, fand sie das ganz normal. Ich höre sie noch sprechen: „Da könnt Ihr 'mal sehen, wie nötig Ihr diese Übungen habt!" Und gleichzeitig forderte sie alle auf, täglich zu üben, weil erst nach sicherem Erfolg an die erste Stufe gedacht werden könne.

Andrea warf ein: „Ich glaube, das lerne ich nie! Meine Augenlider haben andauernd gezuckt. Außerdem wanderten meine Gedanken beständig woanders hin, obgleich ich das nicht wollte." Marlene charakterisierte diese Erscheinungen als typische Anfangsschwierigkeiten, von denen man sich auf gar keinen Fall den Mut nehmen lassen solle. Auch Gertraude war skeptisch: „Ich habe alle Geräusche von draußen wahrgenommen. Das hat mich gestört! Wie soll ich zur Ruhe finden?" Doch die Psychologin beendete die erste Übungsstunde mit dem Hinweis: „Bemüht Euch bitte! Demnächst biete ich Euch zur Vertiefung einige Hilfsmittel an."

Beim zweiten Zusammenkommen wiederholten wir gründlich, was wir über die Ruhestellung unserer Körper gelernt hatten. Es stellte sich heraus, daß noch niemand mit dem Resultat seiner Übungen zufrieden sein konnte. Immer wieder tauchten zwei Probleme auf: Unvermeidliche Geräusche störten, und es mangelte an Konzentration. „Ständig laufen mir die Gedanken weg", bekannte Andrea. Zur Bekräftigung schlug sie sich, wie so oft, auf ihre Schenkel.

Mir war es auch so ergangen, konnte ich mich erinnern. Aber dieser Zustand war zu überwinden. Deshalb äußerte ich meine Gedanken vor der Gruppe. Marlene mußte diese Unterstützung angenehm sein, denn sie lächelte dazu. „Also, paßt auf, einen Grund zur Panik gibt es nicht. Ihr steckt noch in den Kinderschuhen. Ein wenig Geduld stände Euch gut!" rief sie.

Damit war sie im Recht. Nun kam sie zu den angekündigten Hilfsmitteln: „Wenn Ihr schwer zu einem Gefühl der Ruhe gelangt, versucht es mit einem Bild, das genau diesen Eindruck erweckt. Ich meine, bei der Formel ‚Ich bin ganz ruhig und entspannt ...', kann man sich in seinem Inneren ein geeignetes Bild vorstellen - wie zum Beispiel einen friedlichen Sonnenuntergang, eine einsame Waldlichtung, einen weiten Blick in ein ruhiges Tal oder so etwas Ähnliches. - Wichtig ist nur, daß man für sich einen passenden Eindruck gewinnen kann. Und bei diesem Bild bleibt Ihr bei jeder Übung. Es wird mit der Zeit bei der gesprochenen Ruheformel wie von allein auftauchen. Bitte laßt Euch schon jetzt ein persönliches Bild einfallen!"

So bekam die nächste Übung eine höhere Qualität. Jede trug in ihrem Kopf eine bestimmte Vorstellung mit sich herum. Ich hatte das Bild meines geliebten Großvaters vor Augen. Es zeigt ihn, wie ich ihn in Erinnerung habe: Er sitzt in seinem Garten hinter einer geschützten Hecke, pfeiferauchend mit der einen Hand, mit der anderen seine Lieblingskatze streichelnd. Das alte Gesicht, leicht lächelnd, strahlt soviel Güte und Wärme aus, daß mir wohl davon wird. Immer, wenn ich mir diese Fotografie betrachtete, übertrug sich seine Zufriedenheit, sein stilles Glück auf mich. Darum entschied ich mich dafür, es half mir schon lange bei der Ruhestellung meines Körpers. - Auch, als ich ein anderes Motiv fand, blieb ich bei dem ausgewählten, es hatte sich bewährt.

Marlene festigte die Grundstufe des Trainings unter Zuhilfenahme der bildhaften Vorstellungen. Ich setzte mich auf einen bequemen Stuhl.

In Liegestellung ist es einfacher, zu dem angestrebten Ergebnis zu gelangen. „Denkt an Euer Bild!" begann die Psychologin, nachdem das Geschnatter im Raume zu Ende gegangen war. „Die Arme und Beine sind schön locker, alles ist gut. Ich bin gaaanz ruhig und entspaaant...", erklang es gleichmäßig und harmonisch. Und weiter: „Gedanken kommen und gehen, Gedanken kommen und gehen, Geräusche von außen gehören dazu, Geräusche von außen gehören dazu ..."

Mit den beiden letzten Formulierungen ging Marlene auf die Einwände von Gertraude und Andrea ein, und sie bot nicht nur diesen damit ein weiteres Hilfsmittel an. Im Augenblick schweiften ihre Augen über die Körper der Frauen hinweg, als wolle sie einschätzen, inwieweit ihnen eine Ruhestellung geglückt sei. Die Patientinnen hielten ihre Augen geschlossen, waren auf die Anweisungen der Psychologin eingestellt. Diese ermunterte sie gerade: „Ja, so ist es gut, es wird werden, bestimmt!" Nach Momenten weiteren

Wartens zählte sie von 5 bis 1 - 5, 4, 3, 2, 1 - wobei ihre Stimme deutlich lauter wurde. Dann zogen wir mit einen kräftigen Ruck beide Arme über der Brust zusammen, atmeteten tief durch und durften endlich unsere Augen öffnen.

Gespannt schauten wir in die Runde, erste Kommentare waren zu vernehmen. Es ging darum, wer von den Übenden bereits wohltuende Ruhe verspürt hatte. „Vergeßt nicht, es ist alles eine Frage der Beharrlichkeit!" warf Marlene ein, um eventuelle Mißerfolge von vornherein abzuschwächen.

„Irgendwann kriege ich das schon hin", hörten wir Andrea in ihrer ehrlichen Art. „Jetzt muß ich erst einmal am Ball bleiben."

Mehr hatte Marlene nicht beabsichtigt, und das ließ sie die Gruppe auch wissen. Sie ergänzte: „Ihr könnt in jeder Situation üben - auf der Parkbank, vor dem Einschlafen im Bett, im Auto, allerdings nicht als Fahrer, und", indem sie nochmals lachte, „sogar auf der Toilette."

Bei den letzten Vorschlägen hatte sie an unser Leben nach der Kur gedacht, wenn auf uns die täglichen Probleme einstürmen würden. Damit verbuchte sie in meinem Inneren abermals ein großes Plus. Hier im Schutze des Berges, weitweg von den Unbilden des Daseins, war es leicht, zur Ruhe zu finden. Ungleich schwerer verhielt es sich im Umgang mit anderen Menschen, mit deren Egoismus im Lebenskampf, im Zusammensein und -arbeiten mit ihnen. Ja, so ging es mir durch den Kopf, autogenes Training kann eine echte Hilfe sein!

Marlene gab sich sehr viel Mühe, um uns in die Grundlagen der Entspannungsmethode einzuführen. Bald trennte sie die Frauen in zwei Gruppen: In eine, in der deutlich Fortschritte zu verzeichnen waren, und in eine andere, in der noch nicht zu den nächsten Stufen übergegangen werden konnte, weil Erfolge auf sich warten ließen. Immmer zeigte sie große Geduld und war uns ein Vorbild. Wenn die Stunde des Trainings angebrochen war, konnte sie nichts aus der Ruhe bringen. Sie wußte, daß ein entgegengesetztes Gefühl nicht guttun könnte, weil sie es auf uns übertragen würde.

„Ihr seid alle sehr sensibel", hatte sie einmal geäußert, als wir uns über Marias Freitod unterhalten hatten. Und diese Sensibilität plante sie offensichtlich ein in ihre Anleitung. Vielleicht ist sie auch deswegen so erfolgreich, suchte ich mir zu erklären, weil sie selber ebenso empfindsam ist.

In der ersten Gruppe, es war die mit den größeren Fortschritten, führte Marlene alsbald die erste Stufe des autogenen Trainings ein - die der Schwere. Es galt, unserem Körper nach erfolgreicher Ruhestellung ein Gefühl der Schwere zu verleihen: Erst im rechten Arm, dann im linken, anschließend im rechten Bein und schließlich im linken....

„Wie muß ich mir diese Schwere vorstellen?" fragte Christine interessiert. Natürlich hatte die Psychologin eine Antwort bereit: „So, als würdest Du Deine Arme und Beine in einer mit Wasser gefüllten Badewanne langsam anheben wollen. Das kennt doch jeder. Du kannst Dir auch in Gedanken an Arme und Beine gefüllte Einkaufsbeutel hängen. Das müßte Dir gelingen." Wieder hatte sie ein Rezept zur Verfügung, das uns das Erlernen dieser Stufe erleichtern sollte. Und sie übte sie anschließend mit uns bei ausdauernder Geduld. Sie wurde nicht müde, auf alle Fehler hinzuweisen, und zum zusätzlichen Trainieren zu ermahnten. So sah man jetzt öfter auf den Bänken des Parkes Frauen sitzen: Die Arme hingen lose am

Körper herab, die Beine waren locker ausgestreckt und der Kopf lag, leicht nach vorn gebeugt, über der Brust. Sie hatten scheinbar nichts zu sagen, hörten nur in sich hinein und waren auf Fortschritte eingestellt.

Einmal entdeckte ich Marlene hinter der wackelnden Gardine in ihrem Zimmer. Also doch, es war so, wie ich unlängst vermutet hatte. Sie beobachtete ihre Schützlinge, und ich nahm es ihr nicht übel. Der Abschied von ihr wird mir schwerfallen, stand für mich fest.

„Ich habe das Gefühl der Schwere!" jubelte einmal Andrea laut und überschwenglich. Ich hatte den Eindruck, daß sie häufiger übte als alle anderen. War sie ehrgeizig oder gab es andere Gründe dafür? Überhaupt beschäftigte ich mich öfter mit dieser jungen Frau. Sie suchte nicht selten meine Nähe. Manchmal war mir das unangenehm, ohne daß ich den eigentlichen Grund dafür kannte. Manchmal freute ich mich darüber, denn Andrea war aufgeschlossen für alle Dinge. Und sie war ehrlich, was ich auch positiv empfand.

Die zweite Stufe lag vor uns, die der Wärme. Sie sollte in unserem Körper ein Gefühl der Wohligkeit erzeugen. Ich wußte genau, wie schwer mir die Erarbeitung gefallen war. Aber danach war es herrlich, die Wärme über den gesamten Körper ausstrahlen zu fühlen - in die Arme, in die Beine, in den Bauchraum, in den Kopf. Es war wunderbar, wenn es gelang, alle Muskeln zu entspannen und sich anschließend wie neugeboren vorzukommen. „Dafür lohnt sich jede Übung", überzeugte uns Marlene.

Schneller als ich erlebten die Frauen mit dieser Stufe kleine Erfolge. Ihnen half die Vorstellung von einem Kachelofen oder von Sonnenstrahlen. An einem Bild davon hielten sie sich fest, wenn die Psychologin sprach: „Mein rechter Arm ist warm, gaanz warm, auch mein linker Arm ist warm, gaanz warm. Mein rechtes Bein ist warm, gaanz warm, mein linkes Bein ist warm, gaanz warm ..."

Ich bemerkte zunächst ein Kribbeln in den Adern, bevor sich ein angenehmes Wärmegefühl daraus entwickelte. Für mich war das von Anfang an die schönste Stufe, denn danach fühlte ich mich für längere Zeit wohl. Diese Empfindung hatten wir alle nötig. Darum nutzte Marlene nutzte sie aus, um uns zu motivieren.

Bei diesen drei Stufen beließ es Marlene, obgleich sie noch von anderen Möglichkeiten gesprochen hatte - von Zusatzformeln, wie sie sich ausdrückte. Diese würden den Rahmen einer Kur sprengen, war sie der Meinung. Sie ließ jedoch nicht aus, uns ein Buch zu empfehlen, in dem wir darüber nähere Informationen einholen konnten. Später las ich tatsächlich darin, in einer Zeit, in der ich mich ohnehin in Gedanken mit meinem Kuraufenthalt beschäftigte. Ich erfuhr von der Darstellung persönlicher Probleme, sogar Einfluß auf einen geregelten Stuhlgang sollte man nehmen können. Und was für mich von Bedeutung war, in einer Zusatzformulierung konnte ich mich einstimmen auf einen Kampf gegen die Erkrankung. Ich baute mir bald eine solche auf. Seit damals endete meine tägliche Übung mit zwei hoffnungsfrohen Sätzen: „Ich werde meine schlimme Krankheit besiegen! Ich habe genügend Kraft dazu!" Zur Untermauerung führte ich ein besonderes Bild vor mein geistiges Auge: Ich werfe ein großes Messer nach einem fauligen dicken Baumstamm, der anschließend krachend umfällt und dadurch vollends zerstört wird.

Mit der Bitte, gemeinsam unsere Entspannungsübungen fortzusetzen, war Andrea mehrmals in meinem Dachstübchen erschienen. Dagegen hatte ich nichts einzuwenden, wenn in mir nicht häufig seltsame Empfindungen aufgestiegen wären! Wie ich mich auch bemühte, ich fand keine Erklärungen dafür. Ich muß auf die junge Frau Anziehungskräfte ausstrahlen, meinte ich einmal. Aber warum? Ich hätte ihre Mutter sein können. Suchte sie vielleicht Ersatz? So etwas soll es geben. Manche Menschen kommen ohne ihre Mutter nicht aus. Doch diesen Gedanken verwarf ich, denn ich hatte mir noch einmal klargemacht, daß mir manches Mal unwohl wurde unter den Blicken Andreas und bei Körperkontakt, wenn sie meinen Arm drückte, länger als nötig, oder mir auf die Schulter faßte und dabei in die Augen schaute mit einem bittenden Ausdruck. Und jetzt setzte sich urplötzlich ein erklärendes Bild zusammen: Andrea liebte die Frauen!

Ich dachte über meine Vermutung nach, zweifelte. Und dennoch ergaben kleine Mosaiksteinchen ein gewisses Bild: Sie hatte weder einen Freund noch einen Mann, sie sprach immer von einer Freundin, sie sah mich manchmal eindringlich an, sie suchte Körperkontakte bei Frauen. Und nun fiel es mir wie Schuppen von den Augen: Vor etwa einer Woche war Christine aus ihrem gemeinsamen Zimmer ausgezogen. Ich aber hatte angenommen, daß diese zu laut schnarchen würde. Ich mußte mit Christine unter vier Augen darüber reden. Als die Gelegenheit dazu günstig war, sprach ich sie an. Sie wand sich, ehe sie zu einer Antwort bereit war: „Ich bin nicht ausgezogen, weil ich Andrea beim Schlafen störte, sondern weil sie sich mir näherte auf eine Art, von der ich nichts wissen möchte.“

Wie soll ich mich ihr gegenüber verhalten, wenn sie es bei mir versuchen würde? Mit einer solchen Frage hatte ich mich in meinem Leben noch nie direkt beschäftigt. Jetzt war ich gezwungen, zu einer Klärung zu gelangen. Das war schwer! Dann entschloß ich mich, sollte es erforderlich werden, mit Andrea ein offenes Wort zu sprechen. Ja, darüber hinaus ließ ich mir sogar die Worte einfallen, mit denen ich mich an sie wenden würde. Ich wollte auf jeden Fall Verständnis für sie aufbringen, aber auch deutlich ausdrücken, daß meine Liebe allein einem Mann galt und sonst niemandem weiter auf dieser Welt.

Bei einem Aufenthalt im nahegelegenen Wald schloß sich Andrea mir wieder einmal an. Ich war froh, als sich Christine dazugesellte. Wir drei verstanden uns wunderbar. Warum sollten wir jetzt nicht an der frischen Luft Erholung suchen? Aber mir war doch eigenartig zumute. Ich fühlte die Aussprache näherrücken. Wir waren lustig und fidel, als wir den Berg hinabschlenderten, eine liebgewordene Angewohnheit indessen. Andrea wußte einen Witz, der gar nicht so lustig war, über den wir uns trotzdem ausschütten wollten. Unser Lachen konnte man weit hören. Und wenn der Berg ein sprechendes Wesen gewesen wäre, er hätte seine Freude über uns ausgedrückt und vielleicht sogar einen Vergleich zu unserem allerersten mühevollen Aufstieg gezogen.

Uns zog die Lichtung an, wo wir vor längerer Zeit gesessen hatten, als Ilona noch unter den Kurgästen weilte und uns Anleitung zum Malen gegeben hatte. Hier setzten wir uns wieder nieder, um zu erzählen oder still nur in den Himmel zu sehen.

„Das ist richtig trocken hier!" scherzte Christine. „Ich laufe ins Dorf und hole ein schönes Eis." Unsere dickliche Mitpatientin mußte immer etwas zum Naschen haben. Schon eilte sie den Berg hinab, ihre Geldbörse fest in der Hand.

„Hoffentlich ist sie bald wieder zurück!" ließ ich vernehmen. Aber Andrea reagierte nicht, sie sah mich stattdessen bedeutungsvoll an. Christine war ihr unwichtig, einzig mir galt ihr Interesse. Das konnte ich genau fühlen. Sie rückte eng an mich heran, viel zu eng! Dann nahm sie plötzlich meinen Kopf in ihre Hände, ohne daß ich mich hätte wehren können. Sie sah mir tief in die Augen und sprach: „Ich habe mich in Dich verliebt." Ihre Stimme bebte, als sie bat, daß ich ihr entgegenkommen solle. Nun konnte ich doch nicht gleich etwas entgegnen. Wo bleibt nur Christine? rief flehend eine innere Stimme. Aber von ihr war nichts zu sehen.

Also war ich ganz allein für die Situation zuständig. Ich machte Andrea klar, daß ich zu einem gleichgeschlechtlichen Menschen zwar Freundschaft empfinden könne, aber niemals Liebe! Ich wollte sie nicht verletzen. Darum sagte ich ihr: „Andrea, ich kann Dich gut leiden, Du bist ein lieber ehrlicher Kumpel. Ich schätze Dich sehr, aber lieben in Deinem Sinne kann ich Dich nicht. Mein Empfinden gehört einem Mann. Das wird sich auch niemals ändern!"

Andrea wandte sich ab, rückte ein Stück weiter, in ihren Augen sah ich Tränen und noch mehr - Trauer. Ich senkte meinen Blick, als hätte ich etwas Wichtiges verloren. Es war alles ungewöhnlich, fast peinlich! Ich fuhr fort: „Andrea, wenn Du willst, laß uns trotzdem Freundinnen sein!" - Nickte sie jetzt? Ich wußte es nicht genau. Mein Herz schlug bis zum Halse hinauf! Ich muß viel Verständnis für sie aufbringen, es ihr zeigen, mahnte ich mich. Doch jetzt kam es nicht dazu. Christine traf mit ihrem Eis ein. Sie strahlte, als sie uns dieses in die Hände drücken konnte.

Andrea und mir war das Eislecken vergangen. Wie soll das weitergehen? sah ich sie fragend an. Sie hatte indessen einen Entschluß gefaßt. Ganz unvermittelt meinte sie: „Ich möchte Euch meine Lebensgeschichte anvertrauen, nur Euch, weil Ihr ohnehin von meiner eigenen Art wißt. Vor der Gruppe möchte ich nicht sprechen, weil ich nicht genau einschätzen kann, ob ich bei allen Frauen auf Verständnis stoßen werde. Das Eurige habe ich, davon bin ich überzeugt." Und sie sah uns an, wie wir sie kannten: pfiffig und aufgeschlossen!

Ich brauchte ihr also nicht mehr mein Verständnis für sie und ihre Beziehung zum weiblichen Geschlecht darlegen. Wir saßen auf groben Baumstümpfen, als wir die Geschichte Andreas vernahmen.

Andrea

Munter hob sie an: „Ich wurde im Sommer vor 30 Jahren in einer Großstadt im westdeutschen Raum geboren, und ich blieb das einzige Kind meiner Eltern. Sie waren beide damals beruflich sehr engagiert, was sich auch bis zum heutigen Tage nicht geändert hat. Gegen ein zweites Kind entschieden sie sich aus Zeitmangel und nicht aus materiellen Belangen heraus. Sie führten einen gepflegten Haushalt, fuhren seit eh und je ein großes Auto. Meine Mutter müßt Ihr Euch als eine sehr modebewußte Frau vorstellen, der ihre Karriere in einer großen Bankfiliale viel bedeutete. Darauf hätte sie unter keinen Umständen verzichtet.

Mein Vater leitete eine Firma, in der Textilien hergestellt wurden. Er war immer unterwegs, manchmal bekam ich ihn wochenlang nicht zu Gesicht. Immer, wenn er von irgendeiner Dienstreise zurückkam, sah er mich an, streichelte mir über meinen Kopf und rief: „Du bist aber groß geworden!" Ich kannte diese Worte schon, und sie ließen mir meinen Vater mit der Zeit fremd werden. Denn anschließend verzog er sich bereits in sein Arbeitszimmer, wo er sich viele Stunden aufzuhalten schien. Ich aber hätte so gern mit ihm gespielt und Neuigkeiten erzählt.

Nur selten saßen wir drei zusammen, wie das eigentlich in jeder gut funktionierenden Familie dazugehört und was ich mir immer sehnlichst wünschte. Schon als Kind fühlte ich mich oft einsam. Zum Glück war da noch die Großmutter. Sie lebte in einem Einfamilienhaus am Rande der Stadt. Ich war jedesmal sehr froh, wenn ich zu ihr konnte. Bei ihr lud ich meine Probleme ab, sie hatte immer ein offenes Ohr für mich. Als ich einmal einen Wunschzettel für den Weihnachtsmann bei ihr abgeben durfte, schrieb ich: ‚Ich wünsche mir mehr Zeit für meine Eltern, damit wir etwas Gemeinsames unternehmen können!' - Ich habe noch vor Augen, wie nachdenklich meine Großmutter mich ansah, nachdem sie meine Bitte gelesen hatte. Ich glaube, sie hat für mich bei den Eltern ein gutes Wort eingelegt, denn in den Wochen danach waren wir tatsächlich öfter zu dritt unterwegs - beim Rodeln, bei einem Cafèbesuch, bei einem Stadtbummel. Leider schlief das viel zu schnell wieder ein. Daran konnte auch die Großmutter nichts ändern. Oftmals riet sie mir: ‚Andrea, komm zu mir, wenn Du möchtest, wenn es die Schule erlaubt, dann können wir beide fachsimpeln.'

Die Ferienzeit verbrachte ich bei ihr, und es waren jedesmal schöne Tage. Wir stromerten durch den Wald und suchten Pilze. Ich durfte ihre Hühner und Enten füttern, was mir viel Spaß machte. Und, stellt Euch vor, abends saßen wir im Sommer vor dem Haus, mit einer Handarbeit beschäftigt, ob ihr mir das glaubt oder nicht. Kurz, ich fühlte mich bei ihr frei und aufgehoben.

Das Lernen in der Schule fiel mir von Anfang an leicht, mir flog alles zu. Meine Eltern erwarteten von mir einen sehr guten Leistungsstand, was ich ihnen jedes halbe Jahr mit Hilfe eines vorbildlichen Zeugnisses zu beweisen hatte. Das war für mich kein Problem. Alles, was mit meiner Lernarbeit zu tun hatte, verantwortete ich allein. Ich bedurfte nicht eines einzigen Rates der Eltern bei der Erledigung meiner Hausaufgaben. Das bewältigte ich selbständig. In dem Punkt war mir besonders mein Vater wohlgesinnt. Er sagte einmal: ‚Aus Dir wird einmal etwas Vernünftiges werden!'

In der Nähe unserer Wohnung befand sich zur Zeit meiner Kindheit ein großer Spielplatz. Manchmal trieb es mich dorthin, wenn es mir im Garten unseres Hauses langweilig wurde. Hier lernte ich ein Mädchen meines Alters kennen, mit dem ich mich anfreundete. Als meine Eltern erfuhren, daß Rita, so hieß es, in der Schule schlechte Noten erhielt, verboten sie mir den Umgang mit ihm. Ich war wieder allein auf mich gestellt. Ich hatte zu folgen, da gab es keine andere Möglichkeit.

Eigentlich war das Verbot meiner Eltern überflüssig, weil ich Rita ohnehin nicht mehr treffen konnte. Es war eine längere Zeit ins Land gegangen, ich war indessen zwölf Jahre alt, als die Mutter eines Tages in mein Zimmer kam. Ich war gleich gespannt, was sie mir mitzuteilen hatte. In ihrem Gesicht spiegelte sich ein anderer Ernst, als ich ihn von ihr gewöhnt war.

Sie zog mich unerwartet an ihre Brust und sprach zu mir: ‚Meine liebe Tochter, was ich Dir heut zu sagen habe, ist nicht einfach für mich und Dich.' Sie sah mir dabei fest in die Augen, um darin nach meiner Bereitschaft zu suchen. Das hatte sie übrigens oft drauf. Trotzdem schwebte diesmal etwas Außergewöhnliches in der Luft.

,Ist etwas mit Vati?' fragte ich. Weil ich mir nichts anderes vorstellen konnte, glaubte ich, daß er verunglückt sei. Sie beeilte sich, mir diese Angst zu nehmen, indem sie fortfuhr: ,Mit einem Vati hat es zu tun, aber nicht mit Deinem!' Es klang Liebe aus ihrer Stimme, was mich noch mehr aufhorchen ließ. ,Kannst Du Dich an Deine Schulfreundin Rita erinnern?' fragte sie, und als sie mein Nicken wahrgenommen hatte, sprach sie weiter: ,Dieses Mädchen ist mit ihrer Familie in eine andere Stadt gezogen. Darum hast Du es auch nicht mehr sehen können.' Jetzt wollte ich wissen: ,Warum bist Du so aufgeregt? Das kann doch nicht der Grund dafür sein!' Meine Mutter entschied sie sich zum Weitersprechen: ,Ach, weißt Du, Andrea, so gesehen hast Du natürlich recht. Doch es geht um die Ursache ihrer Abreise, nur darum.' Neugierig schaute ich sie an. Was sollte daran spannend sein, daß sie so zögerlich war? Sie zeigte sich doch sonst kurz angebunden, ging es mir durch den Kopf.

Endlich fuhr sie von neuem fort: ,Andrea, wir haben uns schon darüber unterhalten, wie es mit den menschlichen Beziehungen aussieht, wie Kinder entstehen und was es mit der Sexualität auf sich hat. Ist Dir das alles noch bewußt?'. Ich konnte die Stunden an einer Hand abzählen, die sie mir allein widmete. So gab ich ihr schnell zur Antwort: ,Natürlich weiß ich das noch genau!'

,Das ist gut, das wird uns die Angelegenheit erleichtern', reagierte sie. ,Ich muß Dir erklären, daß sich Ritas Mutti jeden Abend zur Nachtschicht begab, weil sie damit mehr Geld verdienen konnte. Der Vater Deiner Freundin nutzte diese Gelegenheit böse aus und zwang die eigene Tochter zu sexuellen Handlungen - immer wieder! Kannst Du Dir darunter etwas vorstellen?' - Ich weiß nicht mehr, was mir meine Mutter dann erklärte. Ich kann mich allerdings noch daran erinnern, daß ich mich sehr aufgeregt haben mußte, denn in der Nacht konnte ich nicht einschlafen. ,Warum erzählst Du mir so etwas Schlimmes?' wollte ich wissen. ,Das muß Du erfahren, damit Du Dich im Leben besser zurechtfindest. Es gibt leider noch andere Männer, die sich an jungen Mädchen und Kindern vergreifen. Nicht alle sind der Polizei bekannt, weil sie mit jedem Mittel versuchen, eine Anzeige zu verhindern.

,Warum hat Rita ihrer Mutti nicht Bescheid gegeben?' interessierte ich mich. ,Der Vater hat das Mädchen unter Druck gesetzt, ihm mit Strafe gedroht, wenn es ein Sterbenswörtchen verlauten lassen würde.'

Ich empfand das alles als Grausamkeit und hatte noch lange darüber nachzudenken. Ich sah das Leben auf einmal nicht mehr so schön. - Mit der Zeit gerieten diese Gefühle in den Hintergrund. Meine Großmutter lud mich in den nächsten Ferien zu einer Reise an die See ein. Da muß ich alles Unschöne vergessen haben."

Nach einer Weile fragte Christine: „Konntest Du in Deiner Klasse keine Freundin finden?" - „Mit meiner Sitznachbarin aus der Schule konnte ich mich nicht vertragen. Sie zeigte zwar auch gute Leistungen, war aber sehr zänkisch und rechthaberisch, was mir schon damals nicht gefallen konnte." Das war glaubhaft. Ich hatte Andrea auch deswegen achten gelernt.

Sie zog ein Foto aus ihrer Tasche, auf ihm war sie selber abgebildet: Auf einer Schaukel sitzend, von gestreckter Figur, mit glatten schwarzen Haaren, die ihr weit über die Schulter fielen. Ein hübsches Mädchen, dachte ich mir, und das Lächeln verriet etwas von seiner Intelligenz. „Damals war ich ungefähr 13 Jahre alt. Die Schaukel war schon lange mein Lieblingsplatz“, erklärte sie uns. „Noch heute gribbelt es in meinen Beinen, wenn ich eine davon zu sehen bekomme.“

Andrea entschloß sich zu einer längeren Pause. Ich schaute sie mir währenddessen an, so, wie sie sich vor uns auf einem Baumstumpf niedergelassen hatte, jetzt mit geschlossenen Augen. Sie war mittelgroß, ein sportlicher Typ. Ihre drahtige Figur war gekennzeichnet von eleganter Schlankheit. Irgendwann hatte sie ihr herrliches langes Haar abschneiden lassen. Jetzt trug sie eine schlichte glatte Kurzhaarfrisur, einem Herrenschnitt sehr ähnlich. Am rechten Ohr blinkerte manchmal ein einzelner Ohrstecker, ansonsten konnte ich keinen anderen Schmuck an ihr bemerken.

Andrea zog immer lange Hosen an, meist dunkelblaue mit einem feinen hellen Nadelstreifen darin. Dazu trug sie in aller Regel oberhemdähnliche Blusen. An den Füßen erblickte ich immer flache schwarze oder braune Sportschuhe. Bei kühler Witterung erschien sie mit einer wertvollen bräunlichen Lederjacke. Heute hatte sie zu einer dunklen Jeans eine helle sportliche Bluse übergestreift. Im großen und ganzen war sie eher eine männliche Erscheinung. Darauf aufmerksam war ich zu Beginn der Kur durch ihre Gehweise geworden. Sie nahm im Vergleich zu anderen Frauen große Schritte, als wolle sie besonders schnell an ihr Ziel gelangen, und sie federte dabei. Nun konnte ich mir ihre Erscheinung erklären, sie paßte zu ihrer lesbischen Neigung.

Wie sich das Wesen eines Menschen in seinem Äußeren niederschlägt!

Meine Gedanken hielten sich bei dieser Betrachtung auf. Andrea brachte mich jedoch wieder zur Aufmerksamkeit. Aus ihrer Jugendzeit wußten wir sehr wenig. Aber das änderte sich: „Es war sicher, daß ich das Abitur ablegen würde. In jeder Klassenstufe hatte ich die besten Noten. Auch in den höheren, in denen sich das Anspruchsniveau erheblich steigerte, blieb das unverändert. Mein Klassenleiter sagte zu mir: ‚Andrea, Du bist das nächste Genie auf dieser Welt', und das meinte er tatsächlich so. Ich wußte nicht, was ich ihm darauf antworten konnte. Als Streberin galt ich nicht, das wäre mir fremd gewesen.

In erster Linie hatten es mir die Kunstwissenschaften angetan. Ihr könnt Euch nicht vorstellen, wieviel Bücher mein Vater heranschleppte! Ich interessierte mich für alles auf diesem weiten Gebiet. Und was ich mir nicht alleine aneignete, erfuhr ich in der Arbeitsgemeinschaft „Kunst und Foto" an meiner Schule. Der Leiter war selbst ein halber Kunstexperte. Wir beide fanden nie ein Ende, wenn es um irgendwelche Bilder oder Künstler ging. Jedenfalls habe ich mir auf diese Weise eine Menge an Wissen angeeignet, wofür ich manchmal beneidet wurde.

Zu einem Geburtstag erhielt ich den langersehnten Fotoapparat. Seit diesem Moment trug ich ihn immer mit mir herum. In einem Wettbewerb, den man an der Schule veranstaltete, belegte ich den zweiten Platz. Ich glaube, ich war damals 17 Jahre alt und sehr stolz. Zu dem Thema „Interessante Ansichten meiner Stadt" hatte ich ein kleines guterhaltenes Fachwerkhaus im Abendlicht aufgenommen, vor ihm auf einer Bank ein hochbetagter Mann, der sich von den letzten Sonnenstrahlen des späten Sommers bescheinen ließ. Dieser Erfolg spornte mich gewaltig an. Ich fotografierte alles, was mir in die Quere kam, Hauptsache, ich fand es aussagekräftig. In meinem Zimmer nahm die Anzahl gelungener Fotografien weiter zu. Prallvolle Alben standen sowieso im Schrank.

Als ich die liebe Großmutter eines Tages in mein Reich führte, meinte sie scherzhaft: ‚Andrea, wenn das so weitergeht, müssen Deine Eltern anbauen!' In Wirklichkeit freute sie sich über meine Begabung. Und wenn ich nicht gerade auf Motivsuche war, widmete ich meine Freizeit dem Sport. Das war ein guter körperlicher Ausgleich für mich. Jeden Tag lief ich auf einem Platz in der Nähe der Schule meine Runden. Später konzentrierte ich mich auf die 100 - Meter-Bahn. Allmählich gelang es mir, bessere Zeiten zu laufen. Bei sportlichen Wettkämpfen vertrat ich oftmals meine Altersgruppe. Ich zog ab wie ein Pfeil, um für die Klasse Lorbeeren zu ergattern. Ich kann sagen, daß ich bei meinen Mitschülern durchaus anerkannt war. Zu Hause gesellten sich zu den vielen Fotos eine Reihe von Sportauszeichnungen."

Jetzt unterbrach Christine Andrea: „Das klingt alles wunderbar. Aber sag mal, Andrea, hattest Du gar keine Freundschaften? Man könnte annehmen, daß Du immer für Dich allein warst." Und sie wunderte sich sehr darüber.

„Ja, das ist es, was ich bis heute nicht erklären kann. Ich fand damals nie eine wirkliche Freundin. Das wollte einfach nicht klappen. Warum ...? Wenn ich das nur wüßte! Allerdings achteten meine Eltern noch immer auf den richtigen Umgang für mich, wie sie sich auszudrücken pflegten. Aber das war nicht der einzige Grund, nehme ich an."

Ich konnte es nicht lassen, mich einzumischen: „Na, dann hattest Du bestimmt einen festen Freund oder sogar mehrere!" Ich hatte mir nicht richtig überlegt, was ich von mir gab. Andrea wurde verlegen, erwiderte trotzdem: „Nein, einen Freund oder gar mehrere konnte ich nicht aufweisen. Ich hatte auch gar kein Interesse daran! Die Jungens, die sich für mich interessierten, ließen mich kalt, ob ich wollte oder nicht. Während der Tanzstunde fand ich keinen Partner. Und wißt Ihr, wozu ich mich dann entschloß? - Ich brach heimlich den Unterricht ab, was mir Ärger bei den Eltern einbrachte. Sie freuten sich nämlich auf den unvermeidlichen Tanzstundenball, der nun ausfallen mußte."

Sie sprach weiter von dem bevorstehenden Abitur, vor dem sie keinerlei Ängste ausgestanden hätte. Sehr zur Freude ihrer Eltern wurde sie die leistungsstärkste Abiturientin des Jahrganges. „Meiner Großmutter tropften die Tränen auf ihre neue Bluse, als ich zu einer Ehrung auf der Bühne der Schulaula erschien. Eigentlich waren meine Verdienste nicht so hoch, wie sie hingestellt wurden", schätzte sie ein. „Glaubt mir, mir fielen die Ergebnisse in erster Linie zu, während andere sich abplagen mußten. Als ich auf dem Podium stand, überkam mich ein schlechtes Gewissen."

Mir gefiel es, wenn Andrea so ehrlich zu sich selber war. Ihre letzte Bemerkung unterstrich das wieder einmal. Ich blickte ihr in die großen dunkelblauen Augen. Auch jetzt wurde ihre Persönlichkeit von ihnen beherrscht. In ihnen lag Glanz. Ich hielt ihn für ein Zeichen großer Empfindsamkeit. Ein Fremder hätte die ihr eigene Sensibilität nicht sofort abgenommen. Ich konnte mir dessen sicher sein, auch wenn sich Andrea manchmal sehr unverblümt zeigte.

Bisher hatte ich sie von zwei Seiten kennengelernt: Von einer feinen und empfindsamen und, scheinbar entgegengesetzt, von einer burschikosen, manchmal sogar sehr direkten. Mit einer ehrlichen

Meinung hielt die interessante junge Frau nicht zurück. Das merkte ich von Anfang an. Andere Leute hätten sich in dieser Hinsicht ein Beispiel an ihr nehmen können. Auch Christine war beeindruckt von dem Bericht Andreas. Ich konnte jedoch sehen, wie sie mehrmals auf ihre Armbanduhr geschaut hatte. Die Zeit war schnell vergangen! Wir mußten abbrechen, wenn wir pünktlich zum Mittagessen sein wollten. Also kramten wir unsere Utensilien zusammen und pilgerten der „Bergeshöh" entgegen. Noch vor der Mittagsruhe verabredeten wir uns im Park. Andrea lag sehr viel daran, weitererzählen zu können, denn sie meinte: „Meine eigentlichen Probleme kommen erst!"

Nach dem Essen genoß ich die Mittagsruhe, an die ich mich gewöhnt hatte. Ich hatte mir ein Buch mit ins Bett genommen, aber dann fielen mir doch die Augen zu. Christine lachte laut, als sie mich weckte: „Na, so etwas Verschlafenes!" - und sie erinnerte mich damit an Ilona.

Andrea wartete indes auf uns. Nach einem Täßchen Kaffee und dem Genuß von frischem Obst lockte uns die nimmer müde werdende Sonne hinaus ins Freie. Diesmal sammelten wir Frühlingsblüten, die wir in einem dicken Buch pressen wollten, um später daraus hübsche Glückwunschkarten werden zu lassen. Wie zum Beweis ihrer künstlerischen Fähigkeiten hatte Andrea erstmals ihren Fotoapparat mitgebracht. Sie schoß gekonnt einige Aufnahmen von der Umgebung und von uns. „Zur Erinnerung!" meinte sie mit einem kleinen Lächeln. „Wir fahren ja ohnehin bald nach Hause."

Andrea lag nichts daran, gestellte Bilder zu fotografieren. Das erklärte sie auch Christine, nachdem diese sich mehrmals in Position gestellt hatte: „Ich bin für Momentaufnahmen, also beweg Dich frei, wie immer. Du mußt Dich nicht extra kämmen." Dann überraschte sie uns mit ihren Aufnahmen beim Blumenpflücken, beim Erzählen, beim Lachen. Später würde sie uns die Bilder zuschicken, versprach sie.

Ohne es gewollt zu haben, waren wir bei unserer Lichtung angekommen. Ich hatte nichts dagegen, es war ja ein schönes Stückchen Erde und zudem sehr geeignet, um Andreas weiteren Bericht ungestört in Empfang zu nehmen. Nachdem wir gewissenhaft alle Blümchen und grünen Blätter untergebracht hatten, stand dem nichts mehr im Wege.

Andrea hatte während der Mittagsruhe einige Aufnahmen an sich genommen, die sie uns zu zeigen beabsichtigte. Auf dem einen waren ihre Eltern abgebildet - eine mondäne Frau und ein schlanker Mann im Anzug mit Schlips. Dieses Bild legte Andrea schnell zur Seite. Bei einem anderen, das ihre Großmutter zeigte, hielt sie sich länger auf. Es war nicht zu übersehen, daß es eine liebenswerte Oma war. Andrea hatte eine bemerkenswerte Ähnlichkeit mit ihr. Besonders die Mundpartie fiel mir auf und, wie ich fand, stand in dem Gesicht der älteren Frau eine gewisse Klugheit. Hatte Andrea vielleicht von ihr Charakter und Intelligenz ererbt?

Ein anderes Bild mochte sie uns nicht zeigen, denn sie steckte es gleich zurück in die Tasche, als es ihr versehentlich in die Hände gekommen war. Sie bemerkte meinen fragenden Blick, meinte dazu nur kurz: „Es kann sein, daß ich Euch diese Aufnahme später zeigen werde." Im Moment kam ihr das ungelegen. Mir war so, als hätte ich eine fremde Frau darauf erkannt. - Dann konnten wir sie hören: „Habe ich Euch schon erzählt, daß ich von meinen Eltern für die Abiturleistungen eine Reise nach Spanien geschenkt bekam?" Ohne eine Antwort von uns fuhr sie fort: „Natürlich war meine Freude darüber riesig. Mein wichtigstes Gepäck blieb die Fotoausrüstung, die ich indessen erweitern konnte. Jetzt war ich auch zu Aufnahmen ganz spezieller Art imstande, weil mir die Technik dazu zur Verfügung stand.

Während andere im Mittelmeer badeten oder sich am Strand sonnten, war ich unterwegs. Ich hatte mir selber ein Thema gestellt - die Gegensätzlichkeit von Gebirge und Meer herauszuarbeiten, um diese dann zu einer Einheit verschmelzen zu lassen. ‚Alle Achtung!' meinte mein Vater dazu am Telefon und ermunterte mich ordentlich.

Ich nutzte die Zeit und meine Urlaubsstimmung dafür aus - und ich tat gut daran. Ich entschied mich für ein Kunststudium - mit Schwerpunkt Graphik und natürlich Fotografie. Ich legte meine Spanienaufnahmen vor und ... ich wurde angenommen. Ich fühlte einen unbeschreiblichen Jubel in mir! Alle Wünsche waren in Erfüllung gegangen, sogar in meiner Lieblingsstadt München sollte ich studieren dürfen.

Dort entdeckte ich immer neue Motive für meinen Fotoapparat, denn die Stadt pulsierte vor lauter überschwenglichen Lebens. Hier fand ich alle Schattierungen menschlichen Daseins. Und ich habe sie gründlich studiert, wie Ihr mir sicher abnehmen werdet. Eindeutiger wurde es mit der Zeit, daß die Fotografie mein Berufsleben bestimmen müßte. Demzufolge konzentrierte ich mich auf sie während der Ausbildung und bei allen sich bietenden Gelegenheiten."

Ich konnte Andrea ihren Eifer ansehen, als ich ihr folgte: „Bald hatte ich in der Universität eine eigene Ausstellung - und zwar zu der Thematik ‚Der Mensch in seiner Arbeitswelt'. Dazu besuchte ich viele Betriebe der Stadt und war auch wiederholt auf dem Lande.

Am Ende standen mir dermaßen viele Aufnahmen zur Verfügung, daß mir eine Auswahl schwerfiel. Ich bat darum meine Studienkollegin Iris um Hilfe, von deren Wissen und Können ich mich überzeugt hatte. Es war herrlich, mit ihr zu fachsimpeln - an den Wochenenden, wenn wir mehr Zeit zur Verfügung hatten, oder an freien Abenden bis spät in die Nächte hinein. Sie bangte mit mir um den Erfolg meiner Ausstellung, was im übrigen umsonst war. Ich hatte einen guten Erfolg, und ich konnte sogar eine positive Resonanz in der Presse vermerken.

Überschäumend vor Glück lud ich alle meine Studienbekannten in ein Münchener Café ein. Mir war zum Feiern, zum Austoben zumute! Iris wich an dem Abend nicht von meiner Seite. Sie kam auch noch mit in die Wohnung, nachdem sich all die anderen verabschiedet hatten. Wir tranken eine Flasche Sekt zusammen. Erst eine Weile später wurde uns unser Verhältnis zueinander bewußt. Ich konnte in der folgenden Zeit spüren, was mir in meinem bisherigen erfolgreichen Leben gefehlt haben mußte: Ein Mensch an der Seite, der zu mir gehörte, der mich bereicherte.

Allerdings, und das könnt Ihr Euch denken, war und ist unser Zusammenleben nicht jedem recht. Aber das stehen wir durch. Meine Eltern können es bis heute nicht fassen. Ich war lange nicht mehr bei ihnen, immer wieder mußte ich mir ihre Vorwürfe anhören. In der Studiengruppe war das anders. Es gab stilles Einverständnis bis hin zu offener Ablehnung. Zwei junge Männer akzeptierten uns. Sie lebten allerdings selbst zusammen und kannten die damit verbundenen Probleme genau."

Andrea meinte damit den Teil der öffentlichen Meinung, der nicht verstehen will, daß eine Liebe zwischen Frauen oder zwischen Männern gleichzusetzen ist mit der gewohnten zwischen Frau und Mann. Es war ihr anzumerken, daß ihr dies zu schaffen machte. Sie hielt inne, als hätte sie alle Kraft aufgebraucht. Stattdessen zeigte sie uns das Bild, das ihr vorhin voreilig in die Hände gekommen war. Darauf war eine junge Frau zu sehen - und dem Gesichtsausdruck Andreas nach mußte es Iris aus München sein.

„Ja, das ist meine Iris, ich habe große Sehnsucht nach ihr. Seit sechs Jahren leben wir glücklich zusammen. Wie gefällt sie Euch?"

Wir sahen ein strohblondes Mädchen, das lustig in eine Kamera geschaut hatte. Sehr natürlich wirkte es auf mich. - „Sie kommt aus Hamburg. Vielleicht gehen wir beide dorthin, wenn ich wieder gesund sein werde. Ihre Familie hat Verständnis für uns, behandelt uns wie alle anderen auch. Und das ist am wichtigsten."

Andrea fühlte sich erleichtert. Locker sprach sie Christine an: „Na, kein Eis mehr zur Verfügung?" Wir lachten wieder einmal schallend. Ich war mit meiner Anteilnahme noch nicht am Ende, denn ich wollte gerne wissen, wie sich Andrea die weitere Zukunft mit Iris vorstellen würde. Als ich auf ihrer Stirn plötzlich Flaten sah, war mir klar, daß ich auf eine wunde Stelle gestoßen sein mußte. Mit der Heiterkeit war Schluß. Die Erzählerin hatte ernste Gesichtszüge angenommen. Ob sie weitersprechen würde? Als hätte sie ihr Problem zu Ende gedacht, sagte sie: „Ja, Du fühlst das richtig, nun kann ich Euch meine Hauptsorge anvertrauen. Vielleicht könnt Ihr mir einen Ratschlag erteilen?"

Christine war ungeduldig, denn sie bat Andrea, es doch nicht so spannend zu machen. Sie hatte sogar hektische Flecken am Hals und im Gesicht. Anteilnahme nahm sie manchmal zu genau. Sie konnte sich erregen, was ihr gar nicht bekam. Ich wußte, daß sie aus diesem Grunde sogar zu Beruhigungsmitteln greifen mußte. In der letzten Zeit war sie sehr bei der Erarbeitung des autogenen Trainings. Ich unterstützte sie dabei, so gut ich das vermochte. Eben drückte ich ihre Hand und ermahnte sie: „Christine, bleib ruhig, schön ruhig!"

Verständnisvoll wartete Andrea. Sie war aufgestanden, um ein wenig hin- und herzugehen. Die Wogen glätteten sich wieder. „Ihr braucht Euch deswegen nicht aufzuregen", meinte sie einfühlsam und setzte sich zurück auf den Baumstumpf. „Ich bin eine Kämpfernatur, und mit ihrer Hilfe werde ich mich eines Tages durchsetzen!"

In mir war nun auch die Spannung angewachsen. Endlich rückte Andrea mit ihrem Geheimnis heraus: „Iris und ich wollen zusammenbleiben! Wir verstehen uns gut, wir vertrauen einander. Ich habe nicht eine Stunde in den Jahren unseres Zusammenseins bereut. Wir haben alles, was zu einer gemeinsamen Zukunft gehört, ich behaupte sogar, daß es mehr ist als in mancher Ehe zwischen Mann und Frau. Wir beide wollen heiraten, einfach heiraten!"

Andrea nahm uns während des letzten Satzes fest in Augenschein. Ich glaube, sie testete unsere Reaktionen. Ich konnte ihr das nicht verdenken, denn schließlich äußerte sie einen Gedanken, der nicht alltäglich war. - „Warum nicht?" versicherte ich ihr. „Wenn Ihr Euch versteht!" Doch ich fühlte eine kleine Hemmschwelle.

„Wenn das so einfach wäre", rief sie aus, „hätte ich weniger Probleme! Das weiß der Himmel! Schon zweimal habe ich Anträge gestellt auf Eheschließung zwischen Iris und mir - und zwar in mehreren Bundesländern. Ich stieß auf Ablehnung. Und das kann und will ich nicht verstehen! Es gibt viele Menschen, allein in München kenne ich einige, die einen gleichgeschlechtlichen Partner ehelichen möchten, weil sie ihrer Natur nach diese Neigung mit in die Wiege bekommen haben. Sollen sie sich alle vor der Öffentlichkeit vergraben? Oder was soll werden?" Und jetzt urteilte Andrea in ihrer Erregung scharf: „Eine solche Gesellschaft kann nicht viel taugen! Ich habe gedacht, daß es in unserem Land Fortschritte gäbe, aber da habe ich mich zumindest auf diesem Gebiet entschieden getäuscht. Ja, ich habe mich geirrt. Iris und ich mußten uns bereits des öfteren in der U-Bahn anpöpeln lassen. Und das geschah sogar am hellichten Tage. Dabei konnten wir froh sein, daß wir nicht noch tätlich angegriffen worden sind, wie ich es von einem anderen Paar erfahren mußte", schloß sie mit Bitterkeit in der Stimme.

Christines Erregung war nicht abgeklungen, trotzdem gab sie ihre ehrliche Meinung kund: „Das tut mir leid für Dich und Deine Freundin. Ich wünschte, daß Ihr heiraten könntet. Dann hätte so manches Gesetz, das für Ehepaare gilt, auch für Euch Gültigkeit. Warum solltet Ihr von diesen Vorteilen ausgeschlossen werden? Das finde ich ungerecht!"

Ich hatte eine andere Idee: „Ihr müßt für Euer Recht kämpfen, Euch zusammenschließen und Vorurteile gründlich abbauen!" Andreas Anliegen war bei uns auf fruchtbaren Boden gefallen. Sie bedankte sich auf ihre Weise. „Mensch, Ihr seid ja richtig in Ordnung! Wenn nur schon mehr Leute so denken würden!" formulierte sie burschikos ihren eindringlichen Wunsch.

Den persönlichen Auseinandersetzungen ihres Lebens setzte Andrea einen Einblick in das Berufsgeschehen hinzu. Sie war beneidenswert erfolgreich, konnte ich bald feststellen. In München arbeitete sie als Fotografin bei einer renommierten Werbefirma. Man verlangte große Einsatzbereitschaft von ihr, aber das war es, was sie wollte. Ihre Ideen, die sie ständig entwickelte, waren gefragt. Ihre Fotos wurden immer werbewirksamer. Leider konnte sie uns kein Beispiel zeigen, denn sie hatte keines mit auf den Berg genommen. Mich hätte das sehr interessiert.

Andreas Aufforderung: „Komm nach München, sieh Dir dort meine Bilder an!" war schon verlockend. Ich jedoch mußte abwarten, was mein gesundheitlicher Zustand hergeben würde. Auch in ihre kleine Münchener Galerie lud sie uns ein. Andrea hatte viel Geld verdient mit ihrem unermüdlichen erfolgreichen Einsatz. So konnte sie sich einen heimlichen Wunsch erfüllen: Ausstellungen in einer eigenen Galerie! Bewundernswert! fühlte ich und ertappte mich dabei, wie ich die Erzählerin staunend ansah. In ihren Augen las ich Stolz und Glück zugleich. Wie gut, daß ich mir mein Augenstudium doch noch nicht abgewöhnt hatte! Vielleicht hätte ich diesen schönen Eindruck ansonsten gar nicht wahrgenommen.

Andrea erklärte uns die Zusammenhänge genauer: „In der Galerie bot sich Platz für Ausstellungen, die ich außerhalb der Berufstätigkeit erarbeitete. Ich bin nämlich bei meiner Gewohnheit geblieben, unter ganz bestimmten Themen Bilder zusammenzufügen zu einem einheitlichen Ganzen." Und sie nannte einige davon: Der alte und der junge Mensch, Blüten von der Knospe bis zum Abblühen, Frauentypen von auffallend unterschiedlicher Ausstrahlung, Verstöße gegen Gesetzmäßigkeiten und, was verständlich war, Bilder von interessanten gleichgeschlechtlichen Paaren.

Iris stand ihr immer zur Seite. Sie sorgte für Publikum zur Eröffnung der neuen Ausstellungen, zudem lockerten ihre Grafiken Andreas Bildergalerie vorteilhaft auf. So hatten beide sogar auf diesem Gebiet eine Gemeinsamkeit gefunden.

Der Zufall wollte es, daß ich am Abend eine Mitteilung aus dem Radio erfuhr, die zu Andreas Bericht passen sollte: Eine aus Funk und Fernsehen bekannte Schauspielerin hatte einen Antrag auf Eheschließung mit einer der Öffentlichkeit vertrauten jungen Frau beantragt und ... war abgewiesen! Das mußte ich Andrea erzählen. Sie nickte nur, auf ihrer Stirn zeigten sich tiefe Falten. „Da hast Du es! Wie kann ich durchkommen? Es ist zum ... ." Sie bremste ihren Überschwang und holte erst einmal Luft. -

Zwischen Andrea und mir stand noch etwas, was bereinigt werden müßte, drängte es mich. Jetzt waren wir allein. Darum richtete ich meine Frage an sie: „Andrea, würdest Du mir bitte erklären, aus welchem Grunde Du Dich mir nähern wolltest? Du hast Dich doch für Iris entschieden!" - „Ja, es liegt mir auch daran", antwortete sie mit Verlegenheit in ihrem Gesicht. „Das ist mir passiert, weil ich neulich eine seelische Krise zu überstehen hatte. Bitte glaube mir, ich war liebebedürftig! Kannst Du meine unüberlegte Annäherung vergessen? Ich bitte Dich herzlich darum!" - Zufrieden ging ich über den ruhigen Flur in mein Zimmer zurück. Ich schob eine Kassette in den Rekorder, setzte mich gemütlich auf einen Stuhl, um mich von der Musik einfangen zu lassen. Heute waren es Klänge von Wolfgang Amadeus Mozart, die ich bevorzugte - heiter und beschwingt, auch zum Ablenken geeignet.

Trotzdem war nicht zu verhindern, daß ich mich noch einmal an diesem Abend mit Andrea beschäftigte. Ihr Bericht hatte mich in Anspruch genommen, denn ich war ins Grübeln darüber verfallen. Bei einem mir wichtigen Punkte blieb ich hängen: Die junge Frau hatte bis auf eine kurze Bemerkung nichts von ihrer Erkrankung verlauten lassen. Das fand ich ungewöhnlich! Ich suchte nach Gründen, kam jedoch nicht zurecht damit. Als ich mich zu versteigen schien, entschloß ich mich, sie selber danach zu fragen. Tritt ganz sachlich auf! empfahl mir meine innere Stimme. Ich folgte in dieser Abendstunde ihrem Rat und betrat noch einmal Andreas Zimmer.

Dort sah ich mich schon genötigt, ihr mein Anliegen zu erklären. Andrea, die gerade einen Brief an Iris schrieb, schmunzelte und sagte schlicht und einfach: „Wegen meiner Krankheit mache ich mir keine Sorgen. Ich fühle mich wohl. Das ist mir wichtig. Ich jammere nicht darüber, ich will leben", und dieses Will sprach sie überdeutlich aus. „Mit solcher Grundhaltung komme ich gut zurecht. Mir ist es am liebsten, wenn mich niemand danach fragt, dann denke ich nämlich auch gar nicht daran!"

Ich fühlte mich angesprochen, sicher hätte ich sie sonst noch näher befragt nach ihrer schlimmen Darmerkrankung. Wie sie damit umging, hatte sie mir klargemacht. Daß ihre Großmutter unlängst an eben dieser Krankheit verstorben war, blieb besser unausgesprochen. Ich beeilte mich, in meiner Aufstellung nachzusehen, ob ich genügend Platz für Andreas Philosophie eingeräumt hatte.

Noch Monate danach erfuhr ich von dieser Einstellung. Andreas Wunsch, wieder gesund zu werden, schien sich zu erfüllen. In verschiedenen Telefongesprächen versicherte sie mir das. Ich gönnte es ihr von ganzem Herzen. „Nicht jede Krebserkrankung muß zum Tode führen", hatte ihr ein Arzt erklärt, und er sollte offensichtlich recht behalten. Ihr ungetrübter Wille und die Harmonie ihres privaten Lebens trugen den Sieg davon.

Andrea war kurz nach Ablauf der Kur mit ihrer Freundin nach Hamburg gezogen. Dank ihrer abgesicherten finanziellen Lage konnte sie eine wunderschöne Eigentumswohnung erwerben. Sie beschrieb sie mir in einem längeren Telefongespräch in den allerschönsten Farben. Aus jedem Wort verspürte ich ihr Glück und ihr positives Lebensgefühl. „Wir sind einem Verein für lesbische Frauen beigetreten", ließ sie mich außerdem wissen. Also verfolgte sie tatsächlich ihre Absichten. Und weiter erwähnte sie: „Ich habe meinen Lieblingssport aus der Schulzeit wieder aufgenommen. Ich laufe in der Freizeit am Elbufer, das ganz in der Nähe der Wohnung liegt. Iris läuft mit, das macht noch mehr Spaß. Ich lebe dem Heute, mach es auch so!" rief sie durch die Leitung. Das Heute betonte sie auffallend, damit ich auch den Sinn ihrer Worte richtig verstand. Und sie war auch wieder als Fotografin tätig, was nicht unerheblich für sie war. In einer Zeitschrift fand ich eines Tages einige Bilder von ihr und ihren Namen. Ich schnitt sie aus, legte sie zu den Fotos, die mir Andrea zugeschickt hatte. Ich bedauerte, daß Ilona nicht darauf zu sehen war, ihr Tod war mir immer gegenwärtig. Ich hatte in ihr Inneres sehen dürfen. Andrea lebt und du selber auch, vergiß das nicht! tröstete ich mich. Positiv empfinden! meldete sich noch einmal zusätzlich ermahnend meine innere Stimme, die über mich zu wachen schien.

Der berühmte Wonnemonat Mai hatte begonnen. An seinem ersten Tage strahlte die Sonne so kräftig, als wäre es ihr letzter Auftritt. Wir entschlossen uns zu einer Wanderung durch die frischen Wälder und durch die Dörfer zurück zum Heim. Diese Anforderung würde Dr. Michaelis gefallen.

Nach dem Frühstück schlüpften wir in leichte sommerliche Kleidung, so paßten wir noch besser zu der uns wunderbar umgebenden Natur! Die Schlehen am Bergesrand waren im Abblühen begriffen. Sie hatten von weitem die dunkle Wirkung des Waldes mit ihrer zartweißen Pracht wirkungsvoll aufheben können. Jetzt erhielten sie mit den rosaschimmernden Pfirsichbäumen eine echte Konkurrenz. Der Frühling in seiner ganzen prachtvollen Persönlichkeit setzte sich durch.

„Wie schön!" rief Christine aus. „Der Mai ist mein Lieblingsmonat." Ja, er war herrlich, wer wollte sich da verschließen? Bald würden die Obstbäume in voller Blüte stehen. Die Natur würde sich in all ihrer Üppigkeit zeigen. Ihrem Zauber konnte ich mich noch nie entziehen. Aber ganz in mir zog ich doch die allerersten erfolgreichen Versuche des Frühlings nach einer langen kargen Winterzeit vor. Mir ging das Herz auf, wenn ich endlich zartes Grün auf den Feldern und in den Fluren erkennen konnte, so wie auf meiner Zugfahrt vor Wochen hierher in Richtung Süden!

Ich freute mich, wenn sich nach langer Ruhepause die ersten grünen Spitzen der Blumenstauden im Garten aus der Erde hervortrauten. Ja, dieses Neubeginnen hatte es mir Jahr für Jahr angetan! Für mich war der Vorfrühling die schönste Zeit. Während der Kur hatte ich sie genießen können. Und was wichtig war, meine Seele, die sich geschunden gefühlt hatte, wurde Stück für Stück freier und damit gesünder.

Einige Tage lang hatten wir Frauen nicht mehr gesungen. Jetzt stiftete uns die Schwester dazu an. Singend zogen wir durch die Wiesen. Keine von uns fühlte sich heute müde oder gar schlapp, keine schloß sich aus - viele gute Zeichen! Eine Gruppe älterer Leute sah uns wohlgesonnen nach, auch sie gönnte uns unser Glück. „Im Frühtau zu Berge ..." klang es über die Wiesen.

Im nächsten Dorf empfingen uns viele ehrwürdige, in gleichmäßigen Reihen gewachsene Kastanien. Die Bäume hatten bereits neue Blätter getrieben, und sie verwandelten damit den Eindruck der langgezogenen eintönigen Straße in eine nahezu königliche Allee. Bald würden auf ihnen weiße und rote Kerzen stehen. Ob ich sie malen werde? fragte ich mich. Ich wußte, daß ich mich ihrem Bild nur schwer entziehen konnte. Auch die Trauerweiden rings um den Dorfteich wirkten nicht so feierlich wie sonst. Das frischgetriebene Grün ihrer Blätter ließ sie jung erscheinen. Ihrer Gestalt nach hatten sie wohl Jahrzehnte auf dem Buckel.

Unsere Frühlingswanderung war erfrischend. Konnte es etwas Schöneres geben? Materielle Dinge waren weit weggerückt. „Erhalten Sie sich Ihren Sinn für die herrliche Natur!" sprach uns froh Schwester Ilse an. „Sie ist in der Lage, Berge zu versetzen."

Unsere gute Laune setzte sich fort. Wir waren alle zusammen im „Dorfkrug" eingekehrt - letzte Station vor dem Aufstieg nach oben in das Heim. Meine alte Gewohnheit, einen gründlichen Blick in die Runde zu werfen, überzeugte mich von dem guten Zustand der Kurpatientinnen. Ihre schwere Krankheit konnte man sich in der augenblicklichen Lage nicht vorstellen. In mir war auch viel von Freude, ja, von Heiterkeit, wie man sie sich nur wünschen konnte! Allerdings wurden diese schönen Eindrücke für einen längeren Moment getrübt. Mit einem Blick durch die Gaststube hatte ich auch einige Männer des Dorfes wahrgenommen. Vom Sehen kannte ich sie. Am Ostersonntag waren sie mir aufgefallen. Jetzt spielten sie Karten, waren lustiger Dinge. Genau wie in der Zeit vor Beginn des Gottesdienstes taten sie so, als wären wir kranken Frauen nicht zugegen. Leise wandte ich mich an Andrea und ließ sie meine Beobachtungen wissen. Auch sie wurde nachdenklich. Wir begaben uns in den Hausflur, um uns ungestört darüber austauschen zu können.

Andrea sah in den Männern am Skattisch die Menschen vertreten, die mit unserer Krankheit nichts zu tun haben wollten, die Angst davor hatten, selbst einmal davon gepeinigt zu werden. „Hast Du gesehen, wie der Herr an der Wand sich wegdrehte, als wir den Raum betraten? Sein Gesicht spiegelte blanke Ablehnung wider - etwa so: Ich will Euch hier nicht! Ich bin gesund. Mich befällt kein Krebs, mich nicht! Ich will mein Leben genießen und nicht mit schwerkranken Menschen konfrontiert werden!"

Wir wurden uns einig, daß es sich so verhalten mußte und fanden sogar Verständis für eine solche Reaktion. Es gab nicht nur diese drei Männer, die so dachten, und wir mußten das respektieren.

„Komm, laß uns das Thema beenden! Die anderen warten. Denk daran, die Meinungen der Mitmenschen werden immer vielfältig sein! Wir müssen damit richtig umgehen, wenn wir uns nicht zusätzlich belasten wollen." Wir kehrten in die Gaststube zurück. Als wir eintraten, sahen die Ortsbewohner kurz auf, maßen uns keinerlei Bedeutung zu. Verschwindet! blitzte es abwehrend aus den grauen Augen des Ältesten. Ich wandte ihm meinen Rücken zu. Langsam kehrte die frohe Stimmung zurück.

Wir saßen eng beieinander, erzählten, lachten und waren glücklich. Als die Schwester mit den Worten hereinkam: „Draußen gibt es gleich ein Gewitter", fielen wir fast aus allen Wolken. Nun blieb doch noch Zeit für ein Eis, was Christine nicht ungelegen kam. Dann, in einer längeren Regenpause, erstürmten wir den Berg. An der Tür empfing uns Dr. Michaelis: „Na, na, meine Damen, warum denn so draufgängerisch?" Selbstverständlich war ihm nicht entgangen, was wir für einen Aufstieg hinter uns gebracht hatten. Lachend meinte er: „Morgen teile ich Sie zum Holzhacken ein!" Gelächter war die Antwort darauf.

Mochte es im Augenblick regnen, donnern, blitzen oder gar schneien - uns allen machte das nichts aus! Im Hause verbreitete sich ein wunderschönes Glücksgefühl. Marlene ließ sich gern davon anstecken. Nach einem anstrengendem Arbeitstag - sie bereitete sich auf den nächsten Kurdurchgang vor - nahmen wir sie in unserer Mitte auf. Schlafen gehen? Danach war uns nicht! Viel lieber kosteten wir unsere frohe Stimmung aus. Im Gruppenraum erklang länger als in der letzten Zeit fröhliche Musik. Manchmal wurde sie sogar übertönt von unserem Lachen und einem nicht endenwollenden Geschnatter.

„Morgen bekommst Du meine Aufstellung", versprach ich Marlene, „hast Du Zeit für mich?" „Aber ja, immer, wenn es um solche wichtigen Dinge geht", erklangen ihre zustimmenden Worte.

Der neue Morgen brachte nach dem Gewitter vom Vortage Kühle mit sich, eine Maikühle, bei der ein Aufenthalt im Freien nicht geeignet schien. Die Sommergarderobe mußte wieder im Schrank vorliebnehmen. Günstig, schlußfolgerte ich, denn an diesem Vormittag hatte ich ein Stelldichein mit Marlene. Ich war neugierig, was sie zu meiner Aufstellung sagen würde. Ich hatte mir die größte Mühe gegeben, das wußte ich genau. Dies nahm mir auch das leichte Lampenfieber, als es in mir aufsteigen wollte.

Die Psychologin saß an ihrem Schreibtisch und notierte etwas in einer Akte. Bei meinem Erscheinen schloß sie diese, eilte mir entgegen und reichte mir die Hand zum Gruß. „Na, gut geschlafen nach dem erfrischend anstrengenden Tage?" erkundigte sie sich, heiter wie immer. Eine Weile unterhielten wir uns in gelockerter Atmosphäre über die unterschiedlichsten Dinge.

Ich war froh und belebt von unserer Wanderung, das merkte auch Marlene. „Schön, daß Du genauso aufgeschlossen bist wie ich. Da wird es sich leicht über unser Thema reden lassen." Ich nahm es als Zeichen, meine Notizen aus der Tasche zu holen. „O, so viel Blätter hast Du beschrieben?" staunte Marlene. „Wieso?" erwiderte ich und zog meine Schultern in die Höhe. Dann erklärte ich ihr aber doch, daß ich versucht hatte, möglichst viele Gedanken zusammenzutragen. „Bitte, Marlene, ich möchte Deine ehrliche Meinung dazu hören! Es ist mir eine wichtige Sache geworden. Ich war mit dem ganzen Herzen dabei, als ich mich in den letzten Wochen damit auseinandersetzte!"

„Na, das solltest Du auch! Da ist mein Plan vollends aufgegangen. Also hast Du mich nicht ganz durchschaut!" Sie lachte herzlich und klopfte mir vertrauensvoll auf die Schulter. Ich dachte daran, daß ich mich gern vorher mit Ilona darüber ausgetauscht hätte. Marlene fühlte das: „Ja, mit Deiner Zimmergesellin wäre es ein fruchtbarer Gedankenaustausch geworden. Nun wollen wir beide es versuchen. Einverstanden?" Wir einigten uns darauf, daß ich ihr den Text vortragen sollte. Sie war erst einmal die konzentrierte Zuhörerin. Meine Hemmungen vor Marlene endgültig ablegend, begann ich wortgetreu:

Sammlung persönlicher Erfahrungen im Umgang mit einer plötzlich auftretenden Krebserkrankung und damit verbundenen Depressionen

- Nimm Deine Krankheit an, als wäre sie ein Teil von Dir selber! Das wird eine Weile dauern, bis Du dazu fähig bist, aber Du mußt Dich so weit bringen! Erst dann kannst und mußt Du etwas dagegen tun!

- Entscheide Dich für eine optimistische Grundeinstellung! Sei überzeugt, daß Du diese Krankheit überstehen wirst, laß Dich nicht von Zweifeln unterkriegen! Ändere Dich, wenn Du bisher ein pessimistischer Mensch warst! Das gehört der Vergangenheit an.

- Sieh alles, was Du erlebst, von einem positiven Gesichtspunkt aus! Bedenke, daß man jeder Sache auch eine gute Seite abgewinnen kann! Auf diese Weise kannst Du Dein Seelenleben vorteilhaft beeinflussen.

- Lebe für das Heute! Was zurückliegt, kannst Du nicht mehr ändern, auch wenn Du es wolltest. Genieße die Gegenwart, die Du erleben darfst! Sie wird Dir Kraft schenken. Auf das Morgen achte nur wenig! Richte Dich nach dem Motto: Fang jetzt zu leben an und zähle jeden Tag als ein Leben für sich!

- Kämpfe gegen Deine Krankheit! Mach Dir immer wieder klar, daß nicht jeder an Krebs erkrankte Mensch daran sterben muß! Du könntest einer von ihnen sein. Also beherzige diese Ratschläge, verwirf sie nicht! Du mußt leben wollen! Du mußt kämpfen wollen! Allein Dein eigener Wille ist ausschlaggebend.

- Sprich Dich aus! Trage Deine Sorgen nicht ständig allein mit Dir herum! Das schadet Deiner Seele. Sprich mit einer Dir vertrauten Person darüber, auch wenn diese über ein Zuhören nicht hinauskommen kann, weil sie Dir keinen Ratschlag zu geben in der Lage ist! Du wirst danach ein freies Gefühl bemerken können.

- Schreib Dich frei! Solltest Du keinen Zuhörenden oder Gesprächspartner finden, schreibe Deine Sorgen auf! Du könntest ein Tagebuch führen, in das Du Deine täglichen Gedanken einschreibst. Du könntest Dich auch zu einem Briefwechsel mit einer geeigneten Person entschließen. Mit Hilfe dieser Methoden wirst Du Dich wohler fühlen, weil Du Deine Probleme besser verarbeiten kannst.

- Entwickle eine gesunde Gelassenheit! Nimm die unvermeidlichen Probleme des Alltags nicht zu ernst, betrachte sie stattdessen mit viel Abstand!

- Geh Ärger aus dem Wege! Du kannst auch Ärger vermeiden, zumindest zu einem beträchtlichen Teil. Halte Dich fern davon, Du mußt nicht in jedem Fall zuständig sein für die Klärung von Ärgernissen! Räume unvermeidliche Probleme so schnell wie möglich aus dem Wege! Schieb sie nicht vor Dir her, nimm ihre Klärung bald bzw. sofort in Angriff! So können sie Dir weit weniger antun.

- Scheue Dich nicht vor Angst! Denke daran, Angst gehört zum Leben! Sie ist nicht vermeidbar und kann als Warnsignal gesehen werden. Nimm diese Einstellung dazu an!

- *Laß Dich nicht bemitleiden! Dazu neigen Deine Mitmenschen. Laß sie wissen, daß sie Dir damit keinen Gefallen tun! Solltest Du dennoch bemitleidet werden, habe Verständnis dafür! Du würdest Dich als gesunder Mensch ebenso verhalten.*

- *Nimm Dich selber wichtig! Solltest Du vor Deiner Erkrankung eigene Interessen und Belange hinter die der Familienangehörigen gestellt haben, ändere das jetzt zu Deinem Vorteil!*

- *Bereite Dir selber immer wieder mal eine Freude! Kaufe Dir einen hübschen Gegenstand, ein schönes Kleid, eine Musikkassette, ein Buch ..., Dinge nach Deinem Geschmack, die Dich persönlich erfreuen können!*

- *Kleide Dich so, wie es Dir gefällt! Damit kannst Du Dein Selbstwertgefühl anheben und gleichzeitig vermeidest Du, Dich in Deinem Äußeren gehen zu lassen, was Deinem Partner mit Sicherheit nicht gefällt!*

- *Bei Depressionen lenke Dich aktiv ab! Warte nicht ab, bis sie eventuell von allein vergehen! Das verkompliziert diese traurige Angelegenheit. Beschäftige Dich nach Bedarf und Interesse damit, was Dir Freude bereiten und Deine Seele stärken könnte: Lesen, Musikhören, Musizieren, Singen, Tanzen, Basteln, Malen, Handarbeiten, Ziehen von Pflanzen, leichtes Arbeiten im Garten, Autofahren, Besuchen von Kulturstätten und von kulturellen Ereignissen, Spazierengehen und Wandern an frischer Luft, Naturbeobachtungen, Reisen, Beteiligen an einer Gymnastikgruppe bzw. erlaubte, sportliche Übungen, Schwimmen. Diesen Ideen sind keinerlei Grenzen gesetzt. Nutze sie!*

- *Laß nicht nach in Deinen täglichen Entspannungsübungen! Für welche Form Du Dich auch immer entscheidest, ob für autogenes*

Training oder für Yoga, spielt keine Rolle! Wichtig, daß Du Ausdauer und Regelmäßigkeit entwickelst! Nach einer gewissen Übungsphase wirst Du wohltuende Erfolge verbuchen können.

- Schließ Dich einer Selbsthilfegruppe an! Hier finden sich Menschen mit gleicher Krankheit zusammen. Sie können Dich und Deine Nöte gut verstehen und werden Dir so manchen wertvollen Ratschlag geben können. Du wirst bald merken, das dort herrschende solidarische Gefühl kann Dich positiv beeinflussen.

- Glaube an die Güte Gottes! Solltest Du gläubig sein, dann bete zu Deinem Schöpfer und bitte ihn um Kraft! Vertraue ihm Dein Seelenleben an! Geh regelmäßig zum Gottesdienst, daß Du dadurch Stärke gewinnen kannst!

- Ziehe einen erfahrenen Psychologen zu Rate! Kommst Du nicht selbst zurecht, scheue Dich nicht vor diesem Schritt! Er kann Dir wichtige Hinweise geben. Du bist nicht sein einziger Patient.

Schlußfolgere aus allem: Kämpfe gegen Deine böse Erkrankung!! Wenn Du als Sieger aus diesem Zweikampf hervorgehen willst, sorge für eine heile Seele!

Anmerkung: Diese Aufstellung kann nicht vollständig sein, sie möchte Anregungen vermitteln. Jede oder jeder Kranke sollte für sich allein das Geeignete herausfinden oder Ergänzungen vornehmen! Die einzelnen Punkte sind nicht numeriert, in ihnen steckt keinerlei Reihen- oder gar Rangfolge. Sie müssen sich ineinander verzahnen, wenn sie wirksam sein sollen. Ich wünsche allen Betroffenen viel Erfolg damit und alles Gute!

Als ich zu Ende gekommen war, mußte Marlene erst einmal das Gehörte überdenken. Ich rang nach Luft. Längeres Sprechen bereitete mir Schwierigkeiten. Die letzten Worte schwangen im Raum.

Meine Erwartungen waren groß geworden. Lag ich falsch mit den Ratschlägen? Für mich waren sie richtig, goldrichtig! Ich konnte wunderbar damit umgehen. Ich hatte mein Leben mit ihrer Hilfe besser in den Griff bekommen. Das ging mir durch den Kopf, es stimmte mich zuversichtlich. Und ich dachte auch zurück an die Zeit, als ich der verzweifelten Ilona damit helfen konnte.

Dennoch hatte ich unsicher geschaut. Marlene fragte mich: „Sag, warum siehst Du so trübe vor Dich hin? Du hast keinen Grund dafür!" Ich teilte ihr meine Bedenken mit: „Ich bin von meinen Gedanken überzeugt." „Aber?" bohrte sie weiter. „Ich werde das Gefühl nicht los, daß es zu viele Anforderungen sind, die ich an die Betroffenen richte. Ich habe Bedenken, daß ich sie überfordere und das könnte bedeuten, daß ich das Gegenteil von meiner guten Absicht erreiche."

Marlene ließ mich nicht weiter argumentieren und sprach dazwischen: „Es ehrt Dich, daß Du auch daran denkst! Zweifel hast Du nicht nötig. Mach Dich nicht so klein!" - Ein direktes Urteil über meine Erkenntnisse hatte sie damit nicht abgegeben. Ich ahnte, es würde zur Zufriedenheit ausfallen. Denn ich kannte die Psychologin gut genug, um deren Standpunkte richtig auszudeuten.

Endlich sprach sie weiter: „Ich bin erstaunt, sehr erstaunt, was Du auf Deinem Papier aufgelistet hast. Damit habe ich nicht gerechnet! Das gestehe ich ein." Und, nachdem sie mein Befremden darüber gedeutet hatte, fuhr sie fort: „Ich habe zwar gewußt, daß Du Dich mit diesen wichtigen Fragen beschäftigt hast. Das konnte ich so manches Mal an Deinem Gesicht ablesen. Übrigens liest es sich darin leicht, fast wie in einem Buch", lachte sie mir zu. „Nein, es sind nicht zu viele Anforderungen. Bei jedem Patienten liegen die Probleme ein wenig anders. Bei aller Vielschichtigkeit wird Dein umfangreiches Angebot dringend gebraucht!"

In mir wuchs Stolz, das konnte ich nicht verhindern. Und vor Aufregung schoß mir das Blut zu Gesicht, als Marlene noch einmal begann: „Ich möchte Deinen Ideen nichts hinzusetzen. Warum auch? Das beste wird sein, Du testest andere Menschen damit! Wenn wesentliche Ergänzungen erforderlich werden, wirst Du sie bemerken, wie ich Dich kenne." Ich freute mich über ihre Anerkennung. Als sie mir ihre Hand bot, wurde mir warm. Ein glückliches Gefühl überkam mich.

Eine von den Frauen, die meine Ratschläge gebrauchen könnte, war Christine. Am folgenden Abend kamen wir zusammen, um uns schöpferisch und kreativ zu beschäftigen. Marlene stellte uns ein neues Thema, das mir dies deutlich werden ließ. In der Regel hatte Schwester Ilse die abendlichen Zusammenkünfte zu verantworten. Heute gesellte sich die Psychologin dazu. Das fiel mir auf, und ich nahm an, daß unser Zusammensein etwas Besonderes zu werden schien.

Marlene tuschelte mit der Schwester hinter vorgehaltener Hand. Ich beobachtete, wie die Psychologin den Raum verließ, als gäbe es nichts Wichtigeres auf dieser Welt. Als sie zurückkam, hielt sie einen großen Stapel Zeichenpapier und viele Farben und Stifte in der Hand. Was sollte daran spannend sein? fragte ich mich und fand keine Erklärung. Aber eines hatten die beiden erreicht: Nicht nur ich war neugierig geworden, sondern auch die anderen Frauen. Ihr Geplappere hatte ein Ende gefunden, während sie sich an die Tische setzten und Marlene und die Schwester erwartungsvoll ansahen. Neben mir ließ sich gerade die rundliche Christine auf ihren Stuhl plumpsen. „Weißt Du, was hier passieren soll?" fragte sie mich. Mir blieb nur ein kleines Schulterzucken übrig, ich hatte auch keine Ahnung.

Dann wurde das Geheimnis gelüftet. Marlene holte erklärend aus: „Ihr habt bemerkt, daß der heutige Abend etwas Besonderes werden soll." Aha, meine Beobachtungen waren richtig, schlußfolgerte ich. Marlene fuhr bereits fort: „Die Blätter und Stifte, die Ihr bitte gleich in Empfang nehmen werdet, sollen dabei eine Rolle spielen, allerdings nicht die wichtigste." Sie blickte über uns hinweg, als wäre sie die Lehrerin in einer Schulklasse. Ja, sie prüfte jetzt sogar unsere Aufmerksamkeit.

„Das Thema, das ich Euch heute stellen werde, verlangt Eure Ehrlichkeit! Eure ganze Ehrlichkeit zu Euch selbst!" bekräftigte sie. „Wenn Ihr nicht dazu bereit seid, nehmen wir davon Abstand!" Die Psychologin sprach den letzten Satz deutlich fordernd aus.

„Marlene, mach es doch nicht so spannend!" meldete sich prompt Andrea. „Ja, richtig, ich wollte in Euch Spannung erzeugen, damit Ihr meiner Anforderung mit dem nötigen Ernst entgegentretet. Ich stelle fest, das dürfte mir gelungen sein." Dazu erklang ihr bekanntes lustiges Lachen.

Nun erklärte sie uns ihr Vorhaben. Zu dem ihr wichtig erscheinenden Thema „Mein Hauptproblem" sollte eine jede von uns auf einem Zeichenblatt Stellung nehmen - nicht in Worten, das wäre wesentlich leichter gewesen, sondern in Form einer Zeichnung, eines Bildes. Spätestens an dieser Stelle hörte ich Christine neben mir erstmals stöhnen. Es kam tief aus ihrem Inneren heraus.

Auf das künstlerische Können würde sie keinen besonderen Wert legen, versprach uns Marlene. Es käme ihr und der Schwester auf den Inhalt der Bilder an. Allmählich erkannte ich die Absichten. Ein Hauptproblem hieß es auf Papier zu bringen - aus zwei Gründen: Zum einen sollte sich die Aufgeforderte selbst darüber klar werden, welche ihrer Sorgen dafür in Betracht gezogen werden könnte. Zum anderen würde sie einer zielsicheren Methode nachgehen können, die sie innerlich freier werden ließ. Darin lag das erfreuliche Anliegen des Abends - die Darstellung einer Möglichkeit, sich ohne fremde Hilfe aus einer seelischen Krise zu befreien.

Auch die Schwester pries uns ihr Vorhaben. In mir wuchs Zustimmung. Ich dachte an meine Aufstellung, ein Gedanke davon deckte sich mit dem Vorschlag der beiden.

Die Psychologin hatte noch eine Aufforderung an uns zu richten, mit der ich nicht gerechnet hatte: Sie verbot uns während unserer Ausführungen jeden Gedankenaustausch, ja, sie wünschte sogar totale Ruhe. Mit der Meinung „Es kommt auf die persönliche Deutung an", machte sie uns noch einmal die Wichtigkeit ihrer Absicht deutlich.

Ich war seit Minuten mit der Auswahl meines Problems beschäftigt. Ich hatte eine ganze Reihe davon. Jetzt mußte ich Klarheit darüber gewinnen, welches für mich die größten Schwierigkeiten mit sich brachte. Nun erkannte ich auch, wie wohltuend die von Marlene angeordnete Ruhe war. Geflüster hätte mich gestört. Ich rang um eine ehrliche Darstellung meiner Gefühle. Es ging nicht nur mir so, im Raum knisterte es vor Nachdenklichkeit. Marlenes knapper Einwurf: „Bitte geht mit Euch richtig zu Gericht!" war nicht mehr nötig. Ich grübelte.

Die ersten fingen an zu malen oder zu zeichnen. Sie beugten sich still über die Tische. Ein wenig störte mich Christine. Sie malte mit einem Bleistift kleine Strichmännchen, es wurden immer mehr. Sie war ohne Antrieb. Dann hörte ich sie leise flüstern: „Ich kann mich nicht entscheiden. In mir herrscht eine große Unruhe, eigentlich verspüre ich gar keine Lust."

Marlene, die mit Argusaugen über uns zu wachen schien, kam langsam an unseren Tisch spaziert. Sie sprach mit Christine. Diese stand auf, um den Raum zu verlassen. Erst nach etwa 30 Minuten erschien sie wieder, ihr Gesicht wirkte gelöster. Später erfuhr ich den Grund ihrer Wandlung: Im Nachbarzimmer hatte sie sich auf Anraten der Psychologin zu autogenem Training bereitgefunden. Es zeigte Wirkung, denn sie zog die ersten gelungenen Striche.

Obwohl sie mich unterbrochen hatte, suchten meine Augen ihre Zeichnung. Zwei ineinander verschlungene Ringe nahm ich darauf wahr - Zeichen der Ehe, meinte ich, um dann an meinem eigenen Problem weiterzuarbeiten.

Ich versuchte darzustellen, wie mich wieder einmal Einschlafschwierigkeiten erfassen. Ich entwarf mit Bleistift einen dunklen Raum und in dessen Mitte ein einzelnes großes Bett mit einer Person auf verknüllten Kissen. Aus ihnen stöhnt es heraus, was ich mit rötlichen Pfeilen und Blitzen vom Kopfende des Bildes aus deutlich machen. Über das Bett malte ich mit Mühe ein bedrohliches Gesicht, meine Krankheit aufzeigend. Sie veranlaßte mich wieder und wieder zu Grübeleien und hinderte mich am Einschlafen. Aus dem Mund des Gesichtes treffen schwarze Pfeile.

Ein Wort der Erklärung auf dem Blatt lehnte Marlene ab. Dafür gab es einen Grund: Am anderen Tage wollte sie mit uns diskutieren. Sie sammelte bald alle Werke ein. Bald konnte ich sie in ihr Reich enteilen sehen, unter dem Arm den Stapel Bilder. -

Das Thema, beschäftigte unsere Seelen lange an diesem stillen Abend. Vielleicht wäre ein Vormittag dafür günstiger gewesen, empfand ich. Ich ging alsbald zu Bett, ohne daß mich mein Hauptproblem übermäßig mitgenommen hätte. Ich hatte mich mehrere Jahre mit ihm auseinandergesetzt. Ich nutzte jetzt meinen Vorsprung vor den anderen aus. Nur die Neugier auf die nächste Gruppenstunde flammte noch einmal kurz auf.

Die Nachtstunden waren wie im Fluge vergangen. Die meisten der Frauen hatten schon am Frühstückstisch Platz genommen. Als Christine als eine der letzten erschien, konnte ich in ein verknittertes Gesicht sehen. Sie mußte schlecht geschlafen haben. Selbst das Frühstück mundete ihr zu unserem Erstaunen nicht. Seit wir uns mit dem letzten Thema beschäftigt hatten, war sie dem Anschein nach eine andere geworden. Sie wirkte hilflos und traurig. Ich dachte mir, daß es mit ihrem Problem zu tun haben müßte. Und meinen Beobachtungen konnte auch nicht entgehen, daß Marlene unsere Mitpatientin zu sich geholt hatte.

Christine war in eine tiefe Depression verfallen. Die Psychologin bemühte sich, sie daraus zu befreien. Dazu nutzte sie auch die anschließende Gruppenstunde. Sie hatte Christine überzeugt, etwas gegen diesen Zustand zu unternehmen, die Initiative zu ergreifen. Nun wirft sie den Rettungsanker aus, dachte ich froh.

Mit den Bildern unter dem Arm erschien Marlene forschen Schrittes in ihrem Raum, in dem wir uns alle bereits eingefunden hatten. Sie strahlte wieder eine beneidenswert optimistische Einstellung aus. Aufgeschlossen und fröhlich wirkte sie auf mich. In den Gesichtern der Frauen zeichnete sich Aufmerksamkeit - eine gute Grundlage, um gemeinsam mit der Psychologin an die Auswertung der Bilder zu gehen. Einige von diesen hatte Marlene ausgesondert. Sie lagen neben ihr - fünf an der Zahl. Tatsächlich beschäftigten wir uns mit diesen näher.

Zuerst hielt die Psychologin eine Zeichnung in die Höhe, auf der ein kleines Kind mit einem Spielzeug zu sehen war. Wo lag hier ein gewichtiges Problem? Das war die entscheidende Frage. Sie gab Zeit zum Nachdenken, ausreichend Zeit. Ich suchte nach der Malerin des Bildes. Ich dachte an Renate, Sie war mir aufgefallen, wenn es in unseren Gesprächen um Kinder ging. Und sie nahm bei unseren Aufenthalten im Dörfchen Kontakt zu solchen auf, wenn sich die Gelegenheit dazu bot. Eben hörte ich Marlene sagen: „Dieses Bild hat Renate angefertigt. Bitte versucht, seinen Inhalt zu deuten!"

Während unsere Mitpatientin verlegen geworden war, blieb unsere Stuhlrunde zunächst schweigsam. Manche schauten sich Renate an, als hätte sie sich erst jetzt zu uns gesellt. Dann meldete sich Barbara, eine Mitpatientin von etwa 35 Jahren: „Ich will es versuchen. Ich denke, die Malerin des Bildes hat Probleme mit einem Kind oder sogar mit mehreren - und sie hat diese noch nicht überbrücken können." Dabei blickte sie forschend zu Renate hinüber.

Andrea ließ sich nicht zurückhalten. Sie rief in die Runde: „Es muß doch eine Möglichkeit geben, die zu einer Klärung führen könnte, wenn Renate das will!" Damit erinnerte sie uns an den alles entscheidenden guten Willen eines Menschen. Ich konnte feststellen, daß die Angesprochene bereit war, selbst zu ihrem Problem etwas zu äußern. Ihre Gesichtszüge überzog Traurigkeit, in den Augen schimmerte es feucht. Leise war sie zu vernehmen: „Es geht um mein Kind, um mein einziges. Es ist jetzt sieben Jahre alt, ein Junge ... Ich darf ihn nicht sehen." Stockend waren die Worte über ihre Lippen gekommen. Das konnte ich gut verstehen. Schließlich gab es dafür auch einen Grund, der in Betracht gezogen werden mußte. Auch Marlene wartete geduldig auf eine weitere Erklärung von Renate. Diese schluckte, dann nahm sie sich unübersehbar zusammen und sprach weiter: „Im Grunde genommen bin ich selber schuld an der Misere." Das konnten wir uns nicht vorstellen. Renate machte auf uns einen freundlichen und aufrichtigen Eindruck. Sie hatte während der Kur Freundschaften schließen können, weil sie angenehm erschien und sich gut einfügen konnte.

Marlenes Fragestellung, ob Renate ihren letzten Satz näher ausführen wolle, ließ mich wieder aufhorchen. Noch einmal zögerte die Angesprochene, dann sprach sie entschlossener weiter: „Ich will es kurz machen, denn von meinem Verhalten vor etwa vier Jahren kann ich nichts mehr zurücknehmen."

Sie blickte zu uns auf, um fortzufahren: „Ich habe damals mein eigenes Kind vernachlässigt, mich kaum darum gekümmert. Mein Mann, der außerhalb unserer Stadt in der Woche beschäftigt war, merkte davon erst später. Sein Sohn bedeutete ihm mehr als alles auf dieser Welt. Er war nur für seinen Jungen da, seitdem er geboren war. Jedenfalls hatte ich diesen Eindruck und damit trieb er mich weg."

Renate schaute uns fragend an. Dabei hatten wir nicht über sie zu richten. Und nun ergänzte sie ein wenig trotzig: „Ich habe mich einem anderen Menschen zugewandt, der mich liebte, wie ich fand. Mein Kind verlor ich in diesem Augenblick. Es lebte fortan bei der Mutter meines Mannes. Er ließ sich bald von mir scheiden. Den Jungen entzogen sie mir. Ich konnte nichts dagegen tun. Das Glück mit meinem neuen Freund währte nicht lange. Er verließ mich, so wie ich zuvor meine eigene Familie verlassen hatte. Für ihn war ich nach kurzer Zeit unwichtig geworden. Indessen sind ein paar Jahre ins Land gegangen, in denen ich mich um mein berufliches Fortkommen gekümmert habe. Das ist mir gelungen, damit kann ich zufrieden sein. Ich bin von keinem Mann mehr abhängig. Aber mein Junge fehlt mir sehr! Ich komme von den ungezählten Vorwürfen mir selbst gegenüber nicht los. Könnt Ihr verstehen, daß dies ein großes Problem für mich darstellt?"

Es war ihr anzumerken, daß sie nichts mehr hinzuzusetzen hatte. In der Runde herrschte Ruhe, gepaart mit aufrichtigem Verständnis. Die meisten der Frauen verziehen der Erzählerin. Renate war mit den Jahren über ihr Fehlverhalten hinausgewachsen, war reifer geworden. Doch das entband sie nicht von ihrem Problem. Was konnte man ihr raten?

Zunächst verdeutlichte Renate auf Marlenes Bitte alle von ihr ausgeführten Maßnahmen: Häufige Gespräche mit dem Vater des Kindes, mit der Großmutter, auch mit der Jugendhilfe. Nichts wurde in ihrem Sinne wirksam. Vater und Großmutter waren sich einig, die Mutter hätte ihren Anspruch auf den Jungen verspielt. Auf behördliche Schreiben reagierten sie erst gar nicht.

„Vor einem halben Jahr wartete ich in der Nähe der Schule auf meinen Sohn", ergänzte Renate nun doch noch. „Ich erkannte ihn sofort. Er sieht meinem ehemaligen Mann sehr ähnlich. Als er näher kam, war ich im Begriff, auf ihn zuzugehen. Aber dann verließ mich mein Mut, und ich wandte mich schnell ab. Im Vorbeigehen vernahm ich noch seine Stimme. Das war was mir, der Mutter, verblieb. Ich wollte ihn nicht überrumpeln. Es wäre keine gute Lösung gewesen."

Da hatte sie wie eine gute Mutter gehandelt, dachte ich. Sie schonte die Seele ihres Kindes, wollte diese nicht plötzlich belasten. Ihre eigene beschädigte sie auf diese Weise unübersehbar.

„Wenn ein Problem zur Qual wird, muß es aus der Welt geschafft werden - und sähe es noch so ungünstig aus!" hörten wir Marlene. Diese Weisheit befand sich auch unter meinen Ratschlägen, wußte ich.

Wir Frauen bemühten uns um Lösungswege: Eine Besuchserlaubnis für Renate mußte doch möglich sein. Dann könnte sie Kontakt zu ihrem Sohn aufnehmen. Das wäre doch auch etwas. Desweiteren müßte sie noch einmal beim Jugendamt um Hilfe ersuchen, ebenso bei Familienberatungsstellen und bei sozialen Trägern. Nie dürfe sie Versuche aufgeben, den Vater umzustimmen, mit ihm gemeinsam die Sache zu besprechen. Vielleicht könnte man eines Tages an den Jungen selber die Frage richten, bei welchem Elternteil er leben möchte. Dies und noch mehr hörte Renate von uns. Wir konnten sie nicht zufriedenstellen. Sie hielt nicht allzuviel davon. Wieder schoß Andrea dazwischen: „Ich habe eine andere Idee." Es klang hoffnungsvoll. Sie zog unsere Aufmerksamkeit sofort auf sich, als sie drastisch meinte: „Meine Güte, warum schaffst Du Dir nicht noch ein Kind an? Du stehst finanziell gut da, hast Arbeit und Wohnung. Du bist jung, da kannst Du zulangen!"

Damit hatte keine gerechnet, aber es konnte eine Lösung sein. Allerdings würde Renate gründlich überlegen müssen. Letztendlich hatte sie ihr weiteres Leben selbst zu verantworten, wie alle anderen auch. Am Ende mußte sie, genau wie wir, auf die ihr eigene Weise mit dem Problem umgehen. Und dann war da immer noch unsere Krankheit ... ! Das war Renate längst klar, gewissermaßen abschließend lehnte sie sich in ihrem Stuhl zurück, nachdenklich, wie mir trotz allem schien.

Marlene deutete an, ein zweites Bild besprechen zu wollen. Es war mehr Zeit verflossen, als vorgesehen war. Schnell hob sie ein anderes in die Höhe, das dem Inhalt nach meinem sehr ähnlich war: Eine schwarze große Gestalt mit einer Keule in der Hand näherte sich bedrohlich einer kleinen Frau. Aha, dachte ich, die Zeichnerin hat Probleme im Umgang mit der Krankheit. Jetzt müßten sich alle angesprochen fühlen, war der Psychologin anzumerken.

„Ja, das kennen wir!" sprach Barbara für uns. „Es ist die Angst, die gräßliche Angst vor unserer Krankheit, die nicht spurlos an uns vorüberzieht." -

Wie zum Beweis zog Marlene einen Stapel aus dem Berg von Darstellungen heraus. „Immer dieses Thema, genau dieses Thema!" bekräftigte sie. Ich wußte, wenn sie ihre Worte wiederholte, waren sie ihr besonders wichtig, sollten sie nicht untergehen! Jetzt wollte ich mich zurückhalten. Ich hatte meine Meinung bereits in der Sammlung kundgetan. Vielleicht erfuhr ich von anderen Möglichkeiten, der Angst entgegenzutreten.

Marlene schaute auf Christine. Wir wußten alle, daß sie besonders große Schwierigkeiten damit hatte.

Sie fühlte sich angesprochen: „Ja, auf dem Bild ist die Angst dargestellt", erklärte sie in einem Satz. Und dann sprach sie weiter: „Das hatte ich zunächst vor, bevor ich mich anders entschied. Ich glaube, mich beherrschen gravierende Probleme - leider!" Marlene nickte wissend, um anschließend zu erklären: „Was Euer Anliegen betrifft, die Angst, sollt Ihr nicht im Stich gelassen werden, dazu habe ich mir etwas einfallen lassen" - und, indem sie mich mehrfach anschaute, meinte sie, daß sie bald darauf zurückkommen würde.

Unsere Gesprächsrunde war beendet. Viel haben wir nicht auf die Beine gestellt, war mein Empfinden. Aber, ich erinnerte mich, Marlene wollte die Themen nur anreißen, vor uns auftun, damit wir die Notwendigkeit ihrer Klärung erkannten und in der Zukunft um eine Lösung ringen würden - ohne ihr Zutun, wenn wir alle wieder an unseren Heimatorten weilen würden.

Vor uns lag die letzte Woche der Kur auf der „Bergeshöh". Wie schnell die Zeit an diesem herrlichen Fleckchen Erde verstrichen war! Desöfteren erwischte ich mich dabei, wie sich meine Gedanken, gewissermaßen vorwegeilend, bei der Familie aufhielten. Manche Frauen begannen sogar mit dem Einpacken ihrer Sachen. In mir herrschte ein zweiseitiges Gefühl: Eine leise Abschiedsahnung konnte ich nicht verleugnen, andererseits fühlte ich Freude auf mein Zuhause und auf ein Wiedersehen mit Frank.

Aber, so tröstete ich mich, das ist der Preis einer Reise. Auf jeden Fall, so nahm ich mir vor, wollte ich auch die letzten Tage meines Hierseins nützen, mochte mich nicht von der um sich greifenden Aufbruchstimmung anstecken lassen. Meine Gefühle offenbarten mir enge Verbundenheit mit dem Heim und der Umgebung, und ich wollte mich ihnen stellen. Wie würde der Abschied von Marlene sein? Die Psychologin hatte mein verletztes Selbstbewußtsein aufrichten können. Ich fühlte mich ihr zu großem Dank verpflichtet. Im Inneren nahm ich sie auf in meine persönliche Sammlung wertvoller Menschen.

Während der folgenden Gruppenzusammenkunft würde sie mich noch einmal von der Richtigkeit meiner Erkenntnis überzeugen, dachte ich mir, und meine Empfindungen schwebten zu Christine über. Es war schon wie ein kleiner Ausstand, denn zu Beginn der Gruppenstunde spendierte uns Marlene Kaffee und Kuchen. Frauen kann das immer in eine frohe Stimmung versetzen, und ich genoß, wie die anderen, das anregende Getränk. Christine war verständlicherweise in Gedanken. Vielleicht sortierte sie diese, denn bald war sie mit ihrem Bericht an der Reihe. Dazu besetzten wir unsere Stuhlrunde - aufgeschlossen wirkten wir alle, wie ich bemerken konnte.

Christine war in heller Aufregung begriffen, sie rannte hin und her. Wir nahmen das lachend zur Kenntnis. Verständnis füreinander hatte uns Marlene gelehrt. Unter diesem Vorzeichen empfingen wir den Lebens- und Leidensbericht unserer Mitpatientin.

ÄLTESTER FACHWERKBAU UM 1500

Christine

Mitten unter uns saß sie, Christine. Heute trug sie - wie so oft - einen weiten großgemusterten Rock und dazu eine gestreifte andersfarbige Bluse, was nach meinem Geschmack nicht vorteilhaft für sie war. Aber darauf legte sie keinen besonderen Wert. Ihr Gesicht zeigte eine leichte Rötung, die zappelnden Hände verrieten innere Unruhe. Sie hatte sich offensichtlich bereits vor unserer Zusammenkunft mit ihrem Leben gründlich auseinandergesetzt, denn vor ihr lag ein Block mit Notizen. Anscheinend mochte sie nichts davon außerachtlassen. Sie nahm einen beruhigenden Blick und begann: „Wie Ihr seht, habe ich mich entschlossen, zu Euch über mein Leben und über meine Probleme zu sprechen, so gut ich das kann. Wenn Ihr mich etwas fragen möchtet, würde mich das nicht stören", erklärte sie bescheiden. So kannten wir sie. „Vielleicht ist sie sogar zu rücksichtsvoll", hatte in einem solchen Zusammenhang Andrea geäußert. „Ein Stück Selbstbewußtsein gehört dazu! Ansonsten wird man schnell an die Wand gedrückt." Das war Andrea zu glauben. Sie kannte es aus ihrem anstrengenden Berufsleben. Doch im Moment ging es um Christine.

Ich schaute sie mir an, wie sie dort auf ihrem Stuhl Platz genommen hatte. Sie mochte um die 40 Jahre alt sein und sie war eine kleine Frau, etwa 1,55 bis 1,58 m groß. Alles an ihr war irgendwie rund geraten: Ihr gesamter Körper, auch der Kopf, die Wangen, die Waden, selbst die Finger machten einen wurstigen Eindruck. Sie wirkte lustig, wenn sich nicht gerade Sorgen in ihrem Gesicht breitmachten. Sie war ein gemütlicher Mensch, der keiner Fliege etwas zuleide tun konnte. Die Pudelaugen unter buschigen dunkelblonden Brauen schauten liebevoll in diese Welt, die es gar nicht so gut mit ihr meinte. Es war die kleine Stupsnase, die mich zu dieser Ansicht veranlaßte, weniger ihre wulstigen tiefroten Lippen über dem runden Kinn. Wenn sie auf uns zusteuerte, geriet sie jedesmal ins Schwitzen.

Ich konnte mir schwer vorstellen, daß sie einmal schlank und rank und schnell wie ein junges Reh gewesen sein sollte. „Ja, das glaubt Ihr mir wohl nicht?" fragte sie zurück, weil wir sie ungläubig angeschaut hatten. Aus dieser Zeit ihres Lebens ließ Christine öfter einiges verlauten. Über die späteren Jahre hatte sie sich in Schweigen gehüllt. Das war mir aufgefallen. Sie war mit mir manchmal auf Wanderschaft in der Umgebung unseres Kurheimes. So lernten wir uns näher kennen. Ich hielt sie für ehrlich, und ich konnte ihr mein Vertrauen entgegenbringen. Das war mir wichtig. Darauf achtete ich bei meinem Umgang.

Eben beschrieb Christine ihre Kindheit: „Ich stamme aus einem größeren Industrieort, der nicht gerade verlockend aussah. Ihr müßt Euch das Gegenteil von dieser reizvollen Gegend vorstellen." Dabei zeigte sie mit ihrer kleinen Hand ungeschickt nach dem Fenster. „In dieser Stadt dominierte der Maschinenbau. Auch mein Vater war in einem solchen Beruf tätig. Er verdiente genug Geld. Die Mutter nahm ihre Pflichten als Hausfrau wahr. Ich bin ihr einziges Kind geblieben. Zwar war noch ein zweites geboren, aber eine schwere Krankheit machte es lebensunfähig.

Ich kann behaupten, daß ich in Liebe und Geborgenheit aufwachsen konnte. Meine Mutter sorgte sich um mich. Für sie blieb wenig Zeit zu ihrer persönlichen Verfügung. Der Vater dagegen verstand es gut, seinen eigenen Interessen nachzugehen. Für ihn war es selbstverständlich, nach seiner Arbeitszeit in unseren Kleingarten zu gehen, ohne sich Sorgen um die Familie zu bereiten. Das überließ er seiner Frau. Und wenn er dort nicht anzutreffen war, fand man ihn beim Kegeln in einer Gaststätte.

Meine Großeltern verstarben leider, als ich noch ein Kleinkind war. Ich kann mich auch nicht mehr an sie erinnern, ich weiß nur, daß mir in dieser Hinsicht etwas in meiner Kindheit fehlte. Immer, wenn meine Schulkameraden erzählten, daß sie in den Ferien zu ihren Großeltern führen, wurde ich neidisch.

In der Schule gehörte ich übrigens zu den mittelmäßigen Schülern. Naturwissenschaften fielen mir schwer. Ich glaube, mir fehlte logisches Denkvermögen. Aber ich habe mir immer große Mühe gegeben. Ich wollte meine Mutter nicht enttäuschen. Im Lesen war ich allerdings einsame Spitze. Dafür hatte ich ein besonderes Talent. Schon nach dem ersten Schuljahr konnte ich lesen wie ein kleiner Gott. Meine Mutter benutzte jedenfalls diesen Vergleich häufig, weil sie sich über die Leistungen freute. Ich las gern in meiner Freizeit. Im zweiten Schuljahr durfte ich mich in einer Bibliothek einschreiben. All die Bücher, die mir von da an zur Verfügung standen, hätten meine Eltern nicht bezahlen können.

Einmal brachte ich auf Empfehlung einer Bibliothekarin einen kleinen Gedichtband mit nach Hause. „Gedichte und Sprüche für Kinder im Alter von sechs bis zehn Jahren" stand auf dem Umschlag. Am Abend steckte ich meine Nase hinein. Ich hatte die Angewohnheit, in meinem Zimmer laut zu lesen. Bald rezitierte ich die unterschiedlichsten Gedichte. In der Schule lobte mich mein Deutschlehrer deswegen. Auf diesem Gebiet war ich unschlagbar. Für so manchen Elternabend wurde ich zu Gedichtvorträgen ausgesucht. Ich denke mir heute, daß dies gut war, um mir ein kleines Selbstwertgefühl aufzubauen." - „Davon könntest Du ruhig noch mehr besitzen!" meldete sich ungeniert eine Frau aus unserer Runde, es war Andrea. Christine streifte sie mit unsicherem Blick. „Sprich nur weiter!" ermunterte sie Marlene. „Was hast Du außer Lesen und Rezitieren noch so draufgehabt?"

Christine gab bereitwillig Antwort: „Ich lernte jetzt all die Gedichte auswendig, eins nach dem anderen. Ob Ihr mir das glaubt oder nicht, davon kann ich auch heute noch nicht lassen! Ich beherrsche jetzt 39 Gedichte auswendig zu jeder Zeit und Stunde. Auch einige längere Balladen sind dabei - Goethe, Schiller, Fontane." Viele der Frauen brachten Christine ein Staunen entgegen. Das hatten sie der schweigsamen Mitpatientin nicht zugetraut. Und dabei wußten sie nicht, daß sie Buch über ihre Gedichte führte. Alle auswendig gelernten wurden von ihr festgehalten mit Verfasser, Entstehungszeit, Buchquelle, Datum des Erlernens.

„Schreib doch selbst einmal ein Gedicht!" hörte ich mich auffordernd sagen. „Das wäre doch etwas für Dich!" meinte ich voller Überzeugung. „Ja, wirklich!" kam es zustimmend aus einer anderen Ecke des Raumes. Christine erwiderte: „Dazu braucht man viel Zeit und Muße, beides habe ich nicht gehabt und das ist auch noch jetzt so."

Das klang entschuldigend und endgültig. Aus vielen Mündern gleichzeitig erhob sich deutlicher Protest: „Das machst Du Dir nur vor! Auch Du findest Muße für Dich, wenn Du das nur möchtest!" - So war die Meinung der Frauen. Marlene mußte sich darüber freuen. Es bedeutete einen großen Erfolg ihrer Bemühungen um uns. Christine allerdings schaute uns erschrocken an. Die Röte stieg ihr wieder einmal zu Gesicht - Beweis ihrer Unsicherheit. Ich hatte das Empfinden, daß darüber zu sprechen sei, wollte man der Erzählerin ernsthaft helfen.

Christine war im Moment anderer Meinung. Schnell lenkte sie auf ihre Kinderzeit zurück. Über Vergangenes zu reden, fiel ihr leichter: „Ihr habt mich nach meinen Interessen gefragt. Außer Lesen und Beschäftigen mit Gedichten hatten es mir Handarbeiten angetan, gefördert von meiner Mutter. Wir saßen manche Stunde in unserem kleinen Wohnzimmer, eine Strick- oder Stickarbeit in den Händen. Sie brachte mir die unterschiedlichsten Techniken bei. Im Alter von etwa 12 Jahren beherrschte ich das Stricken so weit, daß es zu großen Pullovern mit wunderschönen Mustern reichte." -

Ich hatte das Bild der beiden Fleißigen vor Augen. Trotz ihrer unförmigen Finger besaß Christine also durchaus ein gewisses Geschick. Allerdings fiel mir auf, daß sie zu oft die Stube gehütet hatte, statt mit anderen Kindern an frischer Luft umherzutollen. Dafür flocht sie einen unschönen Grund ein: „Wißt Ihr, ich hatte auch zunächst Freunde und Freundinnen, mit denen ich draußen Ball spielte und umhertobte. Aber das war selten der Fall. Dummerweise habe ich mich von ihnen einschüchtern lassen. Bei einem Spiel, wir nannten es Treibeball, rief mir ein Junge böse zu: ‚Mensch, fang doch auf, Du Breitmaulfrosch!' Ich hatte schon mehrmals den Ball verpaßt, und das brachte meiner Mannschaft Minuspunkte. Ich war erschrocken über diesen Ausdruck. Anstatt einfach darüber zu lachen, verschloß ich das Gefühl in mir. Es wurde sogar das erste Problem meines bisherigen Lebens. In der Straße riefen die Kinder mich nur noch Breitmaulfrosch. Sie freuten sich über meinen Verdruß. Und es dauerte nicht lange, dann hatte ich auch in der Schule diesen Spitznamen weg. Meine Güte, ich habe nicht den schönsten Mund der Welt, das ist wahr, aber als Kind nahm ich mir das unwahrscheinlich zu Herzen!"

Ich erwischte mich dabei, wie ich, ähnlich den anderen Frauen, in das Gesicht Christines blickte. Sie hatte recht. Nur, nach meinem Dafürhalten hätte sie auf keinen Fall betonenden Lippenstift auftragen dürfen. Ob ich Ihr das sagen könnte? Ich hatte nicht zu Ende gedacht, als die Erzählerin das Problem erhärtete. Sie machte uns klar, daß sie sich von den Kindern ihres Alters zurückzog in die Wohnung der Eltern - hin zur Welt ihrer Bücher, der Gedichte und Handarbeiten. Niemand half ihr, das Problem aus der Welt zu schaffen. Selbst die Eltern verkannten ihre Tochter, sie glaubten, sie sei ein besonders braves Mädchen, das nicht für die Dummheiten der anderen Kinder zu haben sei."

„Wieviele Fehler schon in der Kindheit eines Menschen vorkommen!" resümierte die nachdenkliche Barbara treffend.

Marlene deutete an, daß dies ein Extrathema wäre. Trotzdem war uns bewußt geworden, daß Christines herbe Enttäuschung ein Stolperstein auf dem Wege ihrer Entwicklung war.

Für einen Moment zog es mich in die Welt der persönlichen Erinnerung. Ich war im Alter von zwölf Jahren auch sehr enttäuscht worden und zwar von meiner allerbesten Freundin. Neid mußte der Verursacher gewesen sein, erkannte ich sehr viel später. Ich habe nie vergessen können, wie schwer es mir wurde, mit den Lügen dieses Mädchens fertigzuwerden, die es hinter meinem Rücken verbreitete. Ich hatte eine Auszeichnung in Form einer Reise nach Berlin erhalten, sie nicht. Das veranlaßte sie, während meiner Abwesenheit unlautere Dinge in die Welt zu setzen. Und ich hatte ihr von meinem wenigen Taschengeld ein hübsches Andenken aus der Stadt mitgebracht.

Das Herz schlug mir bis zum Halse hinauf, als mich meine Mutter davon unterrichtete. Ich schwamm in Tränen, die Enttäuschung war bitter! Aber ich hatte meine Eltern zur Seite, die mir halfen, damit zurechtzukommen. Wir sprachen damals öfter über die Menschen und deren Neigung zu Lügen und zum Neidischsein. Ich kämpfte lange Zeit mit dieser Erscheinung. Und irgendwann kam ein neue, das war nicht auszuschließen. Doch ich konnte besser damit umgehen, darauf kam es an.

Während ich mich in die Kindheit zurückversetzte, hatte sich die Erzählerin ein wenig ausgeruht. Die Frauen diskutierten leise in kleinen Grüppchen. Ich stellte mich auf die weiteren Jugendjahre Christines ein. Welchen Beruf hatte sie ergriffen? Es fiel mir schwer, darauf eine passende Antwort zu finden. Gerade schaute sie mehrmals auf ihren Block, um dann zu sagen: „Ich beendete meine Schulzeit mit mittelmäßigen Leistungen. Sie reichten zu einer Ausbildung als Kassiererin in einem Supermarkt. In diesen Monaten, in denen ich in erster Linie sitzend tätig war, begann meine Gewichtszunahme. Ich mußte immer essen, das war wie ein Drang in mir. Vor allem Süßigkeiten hatten es mir angetan. Sie lagen so nahe dem Kassenbereich, daß sie es leicht hatten, mich zum Naschen zu verführen. Es wurde nahezu zu einer Sucht. Mir fehlte der Wille, davon wegzukommen. Ich hätte den Anstoß einer verstehenden Freundin gebraucht. Aber ich hatte keine. Ich hätte sowieso nur sehr wenig Freizeit für sie gehabt.

Meine Mutter, die eines Tages schwer gefallen war, blieb bettlägerig. Von Stunde an mußte ich für sie sorgen. ‚Das ist jetzt Deine

Aufgabe!' hatte mir der Vater erklärt und ging seinen üblichen Beschäftigungen nach, als wäre nichts anderes passiert. Und meine Mutter wurde, ganz im Gegensatz zu ihrem bisherigen Verhalten, eigensinnig und egoistisch. Mir gönnte sie kaum einen erholsamen Ausgleich. Ich hatte begonnen, an meinen freien Abenden in einer Handballmannschaft zu spielen. Ich besaß die körperliche Kraft dazu, und ich wollte auch gerne abnehmen. Das war mir ein Bedürfnis, denn ich mußte zu meinem Leidwesen feststellen, daß sich kein einziges männliches Wesen für mich ernsthaft zu interessieren schien. Mit Neid sah ich auf die anderen jungen Mädchen, wenn sie mit einem Freund daherkamen. Ja, ich glaubte, daß es allein an meiner Figur liegen würde.

Heimlich nahm ich an Trainingsstunden teil. Schwieriger wurde es, wenn es an den Wochenenden um Spieleinsätze ging. Zu Hause gab es Streit am laufenden Band. Irgendwie schaffte ich es immer, meine Wünsche durchzusetzen. Allerdings blieb die harmonische Familienatmosphäre auf der Strecke.

Es war mir auch gelungen, an einem Sportlerball teilzunehmen. Ach, hätte dieser niemals stattgefunden! An diesem Tage hatte meine Mannschaft haushoch gewonnen. Wir wollten feiern. ‚Du kommst mit, Christine?' wandte sich eine Handballspielerin zögernd an mich. Sie kannte als einzige meine Probleme, wußte um die wenige Zeit. Ich winkte ab. Das veranlaßte sie, bei meinem Vater eine Erlaubnis für den Ball zu ergaunern.

Dieser Abend wurde zu einem Verhängnis in meinem Leben. Könnt Ihr Euch etwas darunter vorstellen?" fragte sie uns. Wie konnten wir! Schließlich ließ sie uns wissen, daß sie damals ihren zukünftigen Ehemann kennenlernte. Es war ein Fußballer, in den sich Christine verliebte an diesem lauen Sommerabend. Er war, wie sie, eingeladen worden zu diesem Vergnügen. „Und jetzt kommt das Schlimmste!“ höre ich sie noch sagen. „Wir beide wurden schon am ersten Abend ein Paar. Er schaffte es, mich mit auf sein Zimmer zu nehmen. Und da war es schneller geschehen als gedacht!“ Bei den letzten Worten errötete Christine erneut.

„Bernd, mein heutiger Mann, war anfangs immer für mich da. Das gefiel mir. Es hatte mir gefehlt. Ich schwebte im siebenten Himmel, bis, ja, bis die Ernüchterung kam: Ich war schwanger - natürlich ungewollt! Bernd wehrte sich dagegen, so gut er konnte. Meine Eltern waren auch nicht begeistert. Aber ich wollte das Kind behalten, auch wenn es sich voreilig eingeschlichen hatte.“ Ein bescheidenes Lächeln lief in dem Moment über das Antlitz der Erzählerin. Aber dazu mußte man schon hinsehen.

„Viele“, so fuhr sie fort, „wollten mich zu einem Abbruch meiner Schwangerschaft überreden. Aber bei mir war da nichts zu erreichen. Ich liebte Bernd, warum sollte ich nicht ein Kind von ihm zur Welt bringen? Ich brachte es auf die Welt vor knapp 18 Jahren. Ihr seht, ich konnte meinen Wunsch durchsetzen, weil ich es so wollte. Der Vater des Kindes war mir böse. Er fühlte sich in seinen Interessen beschnitten. Dabei machte er keinerlei Abstriche von seinen Freizeitvorhaben. Er spielte regelmäßig Fußball. In seinem Beruf als Installateur war er viel unterwegs. Das nahm er in späteren Jahren als Begründung für seine reichlich in Anspruch genommenen Vergnügungen.“

Christine pustete Luft durch einen schmalen Spalt ihrer Lippen. Mir schwante nichts Gutes. Ihre Augen sahen dunkel aus, als sie meinte: „Kam Bernd zu mir nach Hause, herrschte eitel Sonnenschein. Ich wollte nicht die gute Stimmung verderben. Als unser zweites Kind geboren wurde, machte er mir überraschend einen Heiratsantrag. Ich nahm ihn an. Darauf hatte ich gewartet. Den nächsten Termin nutzten wir dazu. Nur unsere Eltern waren die Gäste der Feier und natürlich der Nachwuchs - übrigens ein Junge und ein Mädchen. Nun hätte alles seinen Lauf nehmen können. Aber das war leider nicht der Fall. Ihr könnt Euch denken, daß mich die beiden Kinder und meine kranke Mutter voll in Anspruch nahmen. Bernd teilte keinerlei Arbeit mit mir. Er schaffte mir höchstens mehr davon. In ihm war der alte Fußballer wieder erwacht. Und damit setzte die Misere endgültig ein.

Es blieb nicht bei diesem Sport allein. Regelmäßige Aufenthalte in den verschiedensten Kneipen schlossen sich an. Für mich passen Alkohol und Sport nicht zusammen, Bernd sah das anders. - Damals hätte ich mich von ihm trennen müssen! Meine Mutter hatte mir nach einem intensiven Gespräch dazu geraten. Ich war schlauer. Und als ich noch einmal schwanger wurde, änderte das die Sache auch nicht zum Positiven.

Ich versorgte nun drei Kinder. Mein Mann lebte seinen Interessen. O, wie ungerecht ich das fand! Aber etwas daran zu ändern, war ich nicht in der Lage. Mein Leben verlief eintönig und ohne besondere Höhepunkte. Einzig der plötzliche Tod meiner Mutter riß mich aus dieser Lage. Nun vermißte ich sie doch sehr! Sie hatte für mich immer etwas übrig, besonders in meiner Kindheit, als sie mir ihre Zeit gewidmet hatte.

Jetzt war ich also dreifache Mutter und die Frau eines Mannes, der nicht viel Sinn für seine Familie aufbringen wollte. Auch in den letzten Jahren bevorzugte er die Sportkameraden vor seinen Kindern und mir. Nun, seit dieser Feststellung habe ich beständig unter Heißhunger zu leiden. Ich muß immer essen. Ist das nicht furchtbar?" richtete sie sich an uns mit unsicheren Augen. Das kannten wir an Christine, und wir belustigten uns darüber öfter. Sie nahm es nicht übel, lachte dazu - und aß weiter .... Kein Wunder, wenn sie mit den Pfunden zu wuchern vermochte!

„Kummerspeck", flüsterte Andrea, und wir alle hatten sie trotzdem verstanden. „Das gibt es, so wie auch die Magersucht" sagte deutlicher Marlene. Ich hatte davon gehört und wußte, daß beide Erscheinungen im seelischen Bereich verursacht wurden. Das war denkbar, nachdem uns Christine aus ihrer Ehe erzählt hatte. Darin lag auch die Begründung für ihre Darstellung zweier verschlungener Ringe. Die Frau war unglücklich in ihrer Ehebeziehung, sehr unglücklich. Aber sie fand hier den Mut, sich darüber vor uns auszusprechen. Das war ein erster positiver Schritt. Sie schilderte mit teils lebhaften, teils schleppenden Worten die Situation mit ihrem Mann, man hätte besser sagen können - mit ihrem Fußballer. Denn aus jeder Bemerkung wurde deutlich, daß Bernd zunächst im Grunde genommen mit dem Fußball verheiratet war und in den letzten zwei Jahren zusätzlich mit seiner Angel.

In dieser Situation bäumte sich Christine doch auf. Sie versuchte, ihr Leben anders zu gestalten. So fand sie zu dem Entschluß, wieder arbeiten zu gehen. Das war nicht einfach, aber sie zeigte trotzdem Anstrengungen dazu - und wurde abermals schwer enttäuscht: Eine Frau mit drei Kindern wollte niemand einstellen. Dabei hätte sie alle Hebel in Bewegung gesetzt, um die anfallenden Aufgaben sicher in den Griff zu bekommen. Sie verstand die Welt nicht mehr. Sie fühlte sich allein und voller Traurigkeit. Mit anderen

Menschen reden zu können, war auch ein Anliegen gewesen, sich für eine Arbeitsstelle zu bewerben. Nun war sie für immer an Heim und Herd verbannt, empfand sie schmerzlich. Als sie sich am Abend Bernd unter Tränen offenbarte, deutete dieser das falsch. Er zog Christine zu sich ins Bett. Das war für ihn die Lösung aller Probleme. Sie hatten vorläufig keine Ahnung davon, daß sie ihr viertes Kind gezeugt hatten.

„Dieses Kind ist jetzt fünf Jahre alt. Es ist mein Sorgenkind - ein Mongoloid!" rief Christine bitter aus. Auf ihrer blassen Stirn machten sich viele Falten breit. Wir waren still geworden. Eine Stecknadel hätte man fallen hören. Wie in Gedanken griff sie in die neben ihr stehende Tasche, doch dann besann sie sich. Ich glaube, Christine suchte gewohnheitsgemäß nach etwas Eßbarem. Ihre Lippen zeigten Kaubewegungen. Mein Blick streifte Marlene. Sie nickte mir vorsichtig zu.

Für Christine bedeutete dieses Kind die endgültige Aufgabe ihres Ichs. Und trotzdem liebte sie es über alle Maßen. Das spürte man. In ein Heim hätte sie es niemals geben können. Sie zeigte sich mit dem Jungen in der Öffentlichkeit - bewußt, von Anfang an. Und sie mußte so manchen neugierigen Blick und noch mehr unmenschliche Kommentare verkraften. Wie unverschämt und zügellos viele Mitmenschen sein konnten! Die wenigsten fanden Verständnis für sie und ihre Fürsorge für das Kind.

Ein Erlebnis mußte sich in Christines Erinnerungsvermögen besonders fest eingeprägt haben. Sie legte es uns ausführlich dar: „Mein Sohn hatte eine Vorliebe für Spiele im Sandkasten. Er zog mich jedesmal dorthin, wenn wir uns in der Nähe aufhielten. Ich gab ihm gern nach, wußte ich doch, wie ruhig und lieb er sich verhielt. Er konnte dort im Sand stundenlang mit Eimerchen und Schippe spielen, ohne etwas Unsinniges im Schilde zu führen. Nur ab und an sah er nach mir, um sich zu vergewissern, daß ich ihn nicht verlassen hatte.

Einmal kamen mehrere Zehnjährige, die auch im Sandkasten spielen wollten. Alsbald sahen die Kinder voller Neugierde und Ablehnung meinen Sohn an. Er war damals schon hochgewachsen und dick. Er wirkte neben seinem traurigen Aussehen schwerfällig und vermochte nur wenige Wortfetzen zu äußern. Er bewegte sich gerade strahlend mit seinem Eimerchen in der Hand auf einen der Jungen zu. Ich wußte, er hatte nichts Böses im Sinn. Aber ehe ich mich versehen hatte, schlugen drei bis vier Kinder auf ihn ein. - Meinen Sohn hat dieses Erlebnis tief bewegt. Er schluchzte den ganzen Tag bis in die Nacht hinein. In einen Sandkasten bekam ich ihn nimmermehr. Und dabei konnte er, die ungezählten häßlichen Beschimpfungen nicht erfassen, denen er auf unseren Spaziergängen durch die Straßen ausgesetzt war!"

Christine ließ ihre Worte auf uns wirken. Oder erwartete sie eine Meinung von uns dazu? Andrea erfaßte als erste die Situation, als sie meinte: „Es wird in der Öffentlichkeit zu wenig Aufklärungsarbeit betrieben. In den Schulen gehört es meines Erachtens dazu zu zeigen, daß man behinderten Mitmenschen Rücksicht, und was noch viel wichtiger ist, Verständnis entgegenbringen muß! Woher sollen aufwachsende Menschen wissen, wie sie sich richtig zu verhalten haben? Die Eltern versagen doch bekannterweise immer öfter, weil sie im täglichen Existenzkampf ihre Kräfte veräußern. Am Abend, nach Beendigung der Pflichten und Aufgaben, möchten sie ihre Ruhe haben. Sorgen der Kinder bleiben dann einfach auf der

Strecke. Das ist das eigentliche Problem!" Andrea hatte einen richtigen kleinen Vortrag gehalten. Und sie erinnerte uns an die zahlreichen verurteilswürdigen Überfälle auf behinderte oder ausländische Menschen.

Das machte uns betreten. Wir hatten ähnliche Situationen erlebt oder darüber in der Presse gelesen. Ein Gefühl der Ohnmacht überkam uns. Christine warf schnell ein: „Hoffentlich ändert sich bald etwas in unserer Gesellschaft!"

Die Mittagsmahlzeit unterbrach den Bericht unserer Mitpatientin. Doch während des Essens brachte sich eine Angewohnheit Christines wieder in Erinnerung. Die Mahlzeit war reichlich und wohlschmeckend, wie immer. Ich hatte alle Mühe, des Berges auf dem Teller Herr zu werden, obgleich mein Appetit im Laufe der Kur erheblich zugenommen hatte. Nur eine verlangte einen großen Nachschlag - Christine. Es war kein Wunder, als Barbara deswegen laut über den Tisch scherzte: „Christine, es würde mich nicht umwerfen, wenn Du eines Tages an Fettsucht stirbst!" Wir konnten uns ein Lachen nicht verkneifen. Die Angesprochene sah mit großen Augen von ihrem fast leeren Teller auf. „Naja, ...!" murmelte sie nur, um dann den Rest zu verspeisen.

Während der anschließenden Bettruhe widmete ich mich einem Brief von Frank. Zwischen den Zeilen konnte ich lesen, daß er nicht mehr allzulange allein sein mochte. Ich nahm das als ein gutes Zeichen. Früher hätte ich mich darüber beklagt. Jetzt sah ich das von einer positiven Seite - und abermals tat es mir gut! Ich verglich das Verhältnis zu meinem Mann mit dem von Christine, das mir noch frisch in den Ohren klang - und ich war glücklich! Man muß eben auch etwas dafür tun! sagte ich mir. Ich hatte nicht alles hingenommen, wie es meine Mitpatientin getan haben mußte. Ich bedauerte sie ein wenig und mochte nicht in ihrer Haut stecken. Ich nahm mir vor, sie zu fragen, wie sie sich ihre Zukunft vorstelle.

Dazu fand sich bald die Gelegenheit, denn in den frühen Nachmittagsstunden wollten wir uns der Fortsetzung von Christines Bericht widmen: „Ich möchte nicht zuviel von Eurer freien Zeit in Anspruch nehmen", fuhr sie fort. „Darum werde ich mich kürzer fassen. Meine Zukunft ist verbaut", lautete ihre Antwort auf meine Frage. Sie klang unumstößlich. „Du wirst das glauben, wenn Du meine Geschichte zu Ende gehört hast." - Es mußte demnach noch einen bösen Einschnitt in ihrem Leben gegeben haben, dachte ich.

Christine litt sehr unter ihrem Lebensstil. Zwar war sie zur Erziehung ihrer Kinder bereit, aber als ihre persönlichen Interessen vollends verschüttet wurden, nahm sie dies sehr schmerzlich wahr. Wieder fehlte in ihrem Leben eine liebevolle und verständnisvolle Zuwendung. Sie hätte von ihrem Ehemann kommen müssen, aber dieser Wunsch blieb unerfüllt. Ich dachte daran, wie Christine auf der Waldlichtung unseres Berges mit Ilona und mir gemalt hatte und wie zufrieden, ja, wie glücklich sie damals war. Also war längst nicht alles in ihr abgestorben.

Selbstsicher sprach sie jetzt zu uns: „Eines Tages hat mir das alles gereicht!" Diese Wende interessierte mich. Hatte die Frau nun ihr Leben verändern können? Ich hätte dies begrüßt. Oder war sie ihrem Bernd gänzlich verfallen? Schon hörte ich mich fragen: „Sag, Christine, warum hast Du Dich nicht von Deinem Ehemann getrennt?" Mehrere Frauen nickten zustimmend. Unsere Mitpatientin erwiderte schlicht: „Als wenn das so einfach wäre! Du weißt doch, daß ich keine Arbeitsstelle finden konnte, auch später nicht, auch nicht nach intensiver Suche. Die Gründe dafür waren immer die gleichen: Eine alleinstehende Frau mit vier Kindern - Nein! Niemals! - Also mußte ich bei Bernd bleiben. Zudem wickelte er mich wieder ein, wenn ich meine Pläne andeutete", räumte sie ein. „Und doch habe ich meinem Leben eine andere Richtung gegeben ... ich habe einen Freund!" Christine wartete die Wirkung ihrer überraschenden Mitteilung ab. Ja, Wirkung hatte sie auf jeden Fall, denn diesen Weg hatten wir ihr nicht zugetraut.

Andrea unterbrach als erste das Schweigen: „Ist in Ordnung so", meinte sie. „Ich kann das verstehen. Die Hauptsache ist, daß Du diesmal an einen besseren Mann geraten bist!" Christine beeilte sich, dies zu bestätigen. Es war ihr ein echtes Anliegen, und sie machte daraus auch kein Hehl. Es war der Kinderpfleger aus der Sozialstation. Ihre Beziehung hatte damit begonnen, daß er für den kranken Sohn viel Zeit geopfert und ihr Mut zugesprochen hatte. Ja, da hätte sie schnell aufgehorcht! Ihr Interesse für diesen Mann sei bald in Liebe umgeschlagen. Und sie hätte sich wahnsinnig gefreut, als ihr bewußt wurde, daß ihr eine solche entgegengebracht wurde. Ich konnte mir vorstellen, wie sich das Selbstgefühl Christines gehoben haben mußte. Demnach war sie vor der Zeit unseres Kennenlernens noch zurückhaltender. Fast undenkbar! schlußfolgerte ich.

Erstaunlich locker brachte Christine jetzt ihren Bericht zu Ende: „Im vorigen Jahr war ich von meinem Freund schwanger. Ich wußte zunächst nicht, was ich tun sollte. Ich war auch jetzt zu keiner Abtreibung bereit. Aber in meiner Situation? - Es blieb mir kein anderer Ausweg. Ich ließ mir heimlich schweren Herzens das Kind nehmen. Mein Ehemann bekam von allem nichts mit. Er war fast nie zu Hause. Das war also nicht das Problem. Eine Gemeinsamkeit verband uns nicht mehr. Aber ich habe seit meiner Entscheidung gegen das Kind ein schlechtes Gewissen. Zwar steht mein Freund voll hinter meiner Entscheidung, trotzdem fühle ich mich so furchtbar schäbig. - Gestern sprach man im Radio über Mord an ungeborenem Leben. Mir ist schlecht geworden. Noch heute ist dieses Gefühl nicht abgeklungen. Mein Gewissen läßt mich nicht zur Ruhe kommen."

Jetzt äußerte Marlene ihre Ansicht: „Aber, Christine, Du allein solltest über Deinen Körper entscheiden können. Das darf Dir niemand sonst abnehmen!"

Erst nach einer kleinen Diskussion verschiedener Standpunkte zu diesem Thema näherte sich Christine der Beschreibung ihres Umganges mit der Krebserkrankung. Genau wie die Frauen vor ihr stellte sie diese unbewußt an das Ende des Berichtes. Am liebsten verdrängt man solch eine böse Sache. Doch in unserer Runde war Aussprechen das Rezept, und Christine hatte es begriffen.

Mir war klar, daß dies anstrengend werden würde, denn ich ahtte gehört, daß sie erhebliche Schwierigkeiten damit hatte. Ich war froh, als uns die Psychologin eine erholsame Pause anbot. Frische Luft war ohnehin an diesem Tage zu kurz gekommen. Darum war es angebracht, das Versäumte auf einem kleinen Bummel durch unseren grünen und blühenden Kurpark gründlich nachzuholen.

Wir grübelten über Christines Lebensabschnitte nach. Leicht hatte sie es nicht, aber wir wußten auch, daß es schlimmere Dinge im Leben einer Frau geben kann. Schwierigkeiten mit ihrem Partner hatten viele von ihnen. Es gab die unterschiedlichsten Gründe dafür. Oft konnten sie aus der Welt geschafft werden. Bei Christine jedoch wäre eine baldige Trennung von Bernd sinnvoller gewesen, einigten sich verschiedene Patientinnen, die diskutierend auf einem Parkweg standen.

Warum hatte sie sich unterbuttern lassen? Sie ist doch auch jemand. „Manchmal braucht man einen Anstoß von Freunden oder einer Vertrauensperson", glaubte Renate zu wissen. Aus ihrem Munde klang das überzeugend. Langsamen Schrittes näherten wir uns Marlenes elegantem Raum. Christine saß bereits als einzige auf ihrem Platz. Sie mußte in Unruhe geraten sein, ihre Lockerheit war gewichen. Verkrampft kam sie auf mich zu: „Soll ich weitersprechen? In mir hat sich eine Sperre aufgetan." - Ich hatte eine Idee: „Vielleicht kann Dir Andrea behilflich sein!"

Christine nahm meinen Vorschlag dankbar an. Ich sah sie auf ihre ehemalige Zimmernachbarin zueilen. Leise besprachen sich die beiden. Andrea nickte verständnisvoll. Christine schien ein Stein vom Herzen zu fallen. Während der bisherigen Kur war sie wunderbar aufgelebt. Jetzt verfiel sie zusehends in ihre alte Mentalität zurück, verursacht durch die Krankheit.

Christine setzte mit einer Erklärung an: „Wie Ihr alle bin auch ich leider an Krebs erkrankt." Ein Beben ging schon nach diesen wenigen Worten durch ihren Körper. Jede Farbe wich aus ihrem Gesicht. Schnell verständigte ich mich mit Andrea. Sie würde behilflich sein, entnahm ich ihrer Mimik. „Es war vor einem halben Jahr, als ich bei einer vorbeugenden Untersuchung über Nacht praktisch damit konfrontiert wurde. Ein Knoten in meiner Brust ...!"

Christine sprach den letzten Satz nicht zu Ende, trotzdem wußten wir Bescheid. Hals über Kopf fand sie sich in einem Krankenhaus wieder. Sie erinnerte uns an Ilona, die vor einigen Wochen ergreifend ihren Zustand geschildert hatte. Wie sich die Bilder glichen! Und doch gab es zwischen den beiden einen erheblichen Unterschied: Ilona nahm den Kampf auf und besiegte die grausamen Angstgefühle zu einem erstaunlichen Teil. Christine ließ sich nicht nur von ihrem Mann, sondern zusätzlich von ihrer inneren Angst unterkriegen.

Tränen liefen über das Gesicht. Die Stimme versagte den Dienst. Sie zitterte. Marlene wollte ihren Bericht unterbrechen. Sie erkannte die schlimme Situation der Frau. Doch dann sprang Andrea erwartungsgemäß in die Bresche: „Ich möchte für Christine sprechen. Ich weiß von ihrem Zustand sehr viel. In so mancher Stunde habe ich erlebt, wie sie von panischen Angstattacken geschüttelt wurde. Sie kennt den Verlauf der Krankheit genau. Nun versetzt sie sich in die allerschlimmsten Situationen eines an Krebs erkrankten Menschen. Sie ließ sich bisher in keiner Weise davon abbringen, ja, sie malt sich die letzte Zeit eines solchen Patienten in schwarzen Farben aus und fürchtet sich selber schrecklich davor. Einen ablenkenden Gedanken nahm sie bisher nicht an. Ich konnte ihr sagen, was ich wollte, es nutzte nichts, gar nichts!"

Jetzt war mir klar, warum Christine so oft tiefe dunkle Ringe unter ihren Augen trug. Sie kam nicht zum Schlafen, weil sie sich mit ihren Gefühlen herumquälte. Darin lag der Grund, aus dem heraus Schwester Ilse ihr ein Einzelzimmer angeboten hatte. Soeben fügte Marlene ein: „Wir haben uns oft um Christine bemüht. Auch Dr. Michaelis war manchmal in der Nacht zugegen. Wir konnten ihren traurigen seelischen Zustand bisher nicht aus der Welt schaffen."

In den Augen Christines flatterte es. Trotzdem entschloß sich Marlene, bei diesem Thema zu verharren. Es mußte zu Ende geführt werden, sollte es einen Sinn ergeben. „Was wird nun werden?" fragte Renate für uns alle. „Christine kann so nicht weiterleben!"

Wir erwarteten von Marlene einen Ratschlag. Sie versuchte sich damit: „Natürlich muß Christine etwas gegen ihre panischen Angstzustände tun. Da sie allein nicht dazu in der Lage ist, empfehle ich ihr eine gründliche psychologische Behandlung an ihrem Heimatort. Es muß ein fester Wille in ihr entwickelt werden, um gegen die anstrengenden Gefühle ankämpfen zu können. Sicher würde ihr ein regelmäßiges autogenes Training auch guttun. Vorteilhaft wäre es, wenn sie sich einer Frauenselbsthilfegruppe anschließen würde. All die anderen Maßnahmen wird ein Psychologe festlegen. Da möchte ich nichts vorwegnehmen."

Besonders Renate hatte Marlenes Worte mit Interesse verfolgt. Sie erhob ihre Hand, um einen wichtigen Gedanken anbringen zu können: „Man müßte Christine davon überzeugen, sich ein neues Leben aufzubauen." Und sie fragte direkt: „Christine, warum willst Du noch immer Deine Zeit mit Bernd teilen, wo es für Dich kein echtes Leben sein kann? Sieh doch, wie fertig Du bist! Daran hat Dein Mann erheblich Anteil, glaube mir das! Öffne endlich Deine Augen für Dich und Deine Kinder!"

Das war deutlich! Die Betroffene hatte den Sinn verstanden. Unglücklich war sie auf ihrem Stuhl zusammengerutscht. Renate ließ nicht locker: „Bitte nenne Deine Gründe!" Gehorsam antwortete Christine: „Ich habe mich an all dies gewöhnt. Und ich kann doch meinen Kindern den Vater nicht rauben."

„Was für einen Vater denn? Meinst Du etwa Bernd?" Mehrere solche Fragen prasselten auf Christine nieder - alle beseelt von dem einen Gedanken, ihr zu helfen. Es mußte doch möglich sein, sie eines Besseren zu belehren! Schließlich hatte sie einen Ausbruch gewagt - ihr Bekenntnis zu einem anderen Mann.

Marlene staunte über unseren Einsatz. Sie meinte, daß Christine mit ihrem Freund zusammenleben könne. Das erschien uns logisch, es konnte ein Ausweg für sie sein.

„Und meine Kinder? Was ist mit meinem kranken Sohn? Wird mein Freund das alles mittragen wollen?" - Wir konnten diese Fragen nicht beantworten. Es lag allein in ihrem Ermessen, ob sie ein Zusammenleben mit dem anderen Mann riskieren würde. Aber wir zeigten diese Möglichkeit auf. „Deine Lage ist nicht auswegslos!" vernahmen wir noch einmal Renate. „Wenn Dich dieser Mann wirklich liebt, wird er Deinen Kindern ein guter Vater sein wollen! Oder wie siehst Du das?"

Christines Kraft war erschöpft. Sie vermochte nur noch zu nikken. Ich fand, selbst das war ein echter Erfolg für sie und darüberhinaus für uns alle - eine schwierige Empfindung, aber auch eine gute, deutete meine positive innere Stimme.

Genießerisch wachte ich an diesem Morgen auf. Durch das Fenster strömte nach ein paar Tagen der Kühle endlich wieder ein laues Lüftchen. Es versetzte mich in frohe Stimmung. Ich sprang aus meinem Bett, Frühgymnastik war angesagt. Schnell warf ich mich in den Jogginganzug. Er lag um diese Zeit griffbereit in meinem Dachstübchen. Ja, es gab indessen eine Reihe liebgewordener Angewohnheiten.

Vor dem Hauseingang warteten einige Frauen. Christine fror, sie hatte gähnend beide Hände in die Taschen ihrer Hose gesteckt. „Ich werde Dich gleich munter kriegen", lachte Andrea. Schwester Ilse hatte die Leitung des Frühsportes an eine Patientin weitergegeben - an unsere sportliche Fotografin natürlich.

Nun erschienen auch die restlichen Patientinnen, munter frotzelnd: „Also, heute stelle ich mit Sicherheit einen Weltrekord auf. Wartet mal ab!" Alle lachten aus voller Kehle. Es war immerhin Barbara, die diesen Gedanken geäußert hatte, und sie war mit Abstand am ungeeignetsten dazu. „Auf, auf!" ermunterte uns Andrea. Wir trabten gehorsam hinter ihr her auf den kleinen Sportplatz zu. An unsere Frühgymnastik hatten wir uns gewöhnt. Sie hätte uns gefehlt, wäre sie ausgefallen. Selbst die ansteigenden Anforderungen nahmen wir gern in Kauf. Schließlich taten auch sie etwas für unser gesteigertes Selbstbewußtsein. Und darauf kam es an! Sogar unsere älteste Patientin, Gertraude, setzte all ihre Kräfte ein, um die Übungen mit Erfolg durchzuführen.

Soeben hörte ich Andrea ermahnend rufen: „Beweg Dich, Christine, denke an Deine schlanke Linie!" - und die Angesprochene folgte sogleich dieser Aufforderung. Ich bemühte mich ebenso um die bestmöglichste Ausführung der augenblicklichen Rumpfbeugen.

Nach etwa 10 Minuten intensiver Gymnastik atmeten wir gründlich durch, pumpten unsere Lungen voll mit frischem Sauerstoff. Jetzt ging es an die Laufrunde. Jede konnte für sich entscheiden, ob sie daran teilnehmen wollte oder nicht. In der letzten Kurwoche versuchten es fast alle. Die Schlange der laufenden Frauen war sowieso mit der Zeit erfreulich länger geworden. „Auf, auf zum Marathonlauf!" scherzte noch einmal unsere Leiterin - und schon rannte sie vor uns weg auf den Weg des Parkes. Dort hielt sie eine erholsame kurze Pause für angebracht - ausgefüllt mit Atemübungen und leichten Lockerungen. „Ich werde noch einmal olympiaverdächtig", lachte Christine über das ganze Gesicht. Sie hatte sich tapfer geschlagen und war auch nicht wenig stolz auf ihre Leistung. Sie schwitzte kräftig, aber wen sollte das schon stören? Vor uns lag immerhin noch die zweite, weitaus anstrengendere Runde den Berg hinauf. Ich pustete, als wir alle oben an unserem Ausgangspunkt nacheinander wieder eintrafen, geschafft, aber glücklich!

Am Frühstückstisch setzte sich unsere fröhliche Stimmung fort. Heiterkeit, sogar Albernheit bestimmten die Atmosphäre. Meine Güte, wie haben sich die Zeiten geändert! empfand ich mit aller Deutlichkeit und mußte an die ersten Tage unseres Zusammenseins denken. Kurz befaßte ich mich mit der Abschlußuntersuchung, die uns allen notwendigerweise bevorstand. Da mußt Du durch! rief mir meine Stimme zu. Sie war pünktlich zur Stelle. Okay, antwortete ich ihr gehorsam, das ist wahr!

Dr. Michaelis begann am Nachmittag mit der abschließenden Untersuchung. Das überschwengliche Geplapper hatte sich gelegt. In die Gesichter der Frauen war der Ernst zurückgekehrt. Schwester Ilse, die durch das Wartezimmer schritt, blieb stehen. Sie hatte unsere Stimmung immer richtig eingetaxt. Auch diesmal entging ihr die aufkeimende Angst nicht. Ich hörte sie beruhigend sagen: „Es gibt keinen Grund zur Aufregung. Das können Sie mir glauben!" Unschlüssig verharrte sie einen Moment, dann betrat sie das Untersuchungszimmer.

Die Schwester sollte recht behalten: Der Arzt zeigte sich insgesamt zufrieden mit den Patientinnen. Ich hatte ein Kilo zusätzlich auf die Waage gebracht - auch ein erfreuliches Resultat. Alle Sterne standen demnach günstig. Wie schön! In den letzten Tagen war in mir eine neue Idee gereift. Ich hatte noch mit niemandem darüber gesprochen, außer mit Frank am Telefon. Jetzt schien der Moment gekommen zu sein, meinen Plan in die Wirklichkeit umzusetzen: Mein 50. Geburtstag stand ins Haus. Und ich hatte vor, ihn mit den Frauen, mit den Schwestern und selbstverständlich mit Marlene und Dr. Michaelis zu feiern. Die Psychologin gab mir ihre Zustimmung, als ich sie in meine Pläne einweihte. Auch die Heimleitung war einverstanden. Frank hatte mir per Postanweisung einen dicken Schein zukommen lassen. „Der muß daran glauben", erfuhr Andrea unumstößlich von mir.

Ich hatte unendlich viel Grund für mein Vorhaben. An meinem Geburtstag vor fünf Jahren war ich nach der Brustkrebsoperation aus dem Krankenhaus entlassen worden. Mein Herz war voller Freude darüber, daß ich dies die anderen Frauen mit Genugtuung in der Stimme wissen lassen konnte.

Fünf Jahre waren vergangen - die fünf intensivsten in meinem bisherigen Lebent! Voller Spannungen, voller Trauer und doch voller Zuversicht waren sie gewesen. Und nicht zu vergessen: Viel

Kampf steckte in ihnen - gegen die Krankheit, gegen die Angst und Verzweiflung, gegen ungezählte trübe Stunden. Und endlich setzte ein beständiges Anwachsen von echtem Lebenswillen und daraus resultierendem Optimismus ein.

Am Tage meines Wiegenfestes würde ich gern meine glückliche Stimmung auf die Mitpatientinnen übertragen wollen - mit besonderer Dankbarkeit derer gedenkend, die mir während dieser schwierigen Jahre uneigennützig zur Seite gestanden hatten.

Andrea und Christine halfen mir bei den Vorbereitungen. Wir schmückten den Gruppenraum mit Frühlingsblumen - Zeichen meiner Freude. Wir durften sie von den übervollen Rabatten des Parkes pflücken. Schon am Vorabend meines Geburtstages erledigten wir alle anderen Arbeiten. Ein paar Flaschen Sekt wurden uns auch erlaubt. Ich versteckte sie vor den anderen Frauen, damit wollte ich sie überraschen. Christine kannte die Quelle genau, wo wir zu einem guten Eis kommen könnten.

An meinem Platz prankte ein wunderschöner gelber Teerosenstrauß. Frank hatte ihn mir mit vielen guten Wünschen auf den Berg geschickt. Daneben erblickte ich mehrere Karten und Briefe von Freunden und Bekannten. Sie hatten also daran gedacht, wußten um die Wichtigkeit dieses Tages für mich. Mein Glück ließ mich strahlen. Selbst der Doktor fand sich zu einem Glückwunsch ein, die Gesundheit betreffend - natürlich! Konnte es ein größeres Glück geben? Ich habe fünf Jahre, fünf lange und bewußte Jahre meines Lebens geschenkt bekommen, empfand ich überdeutlich und dankbar. Mein Gefühl schien mich zu überwältigen. Tränen stiegen in mir auf. Nur mit Mühe ergriff ich das Sektglas, um mit meinen Gästen auf das Leben anzustoßen.

So einen Geburtstag hatte es noch niemals für mich gegeben! Allmählich fühlte ich die seelische Anstrengung in mir. Ich setzte mich auf meinen Stuhl. Ja, Freude kann sehr anstrengend sein, das hatte ich in den letzten Jahren oftmals deutlich zu spüren bekommen. Ich bat Andrea, ein Bild der Erinnerung mit ihrem Fotoapparat festzuhalten. Ich wußte, daß es eine solche Runde nicht noch einmal geben würde. Als sich die frohe Stimmung richtig breitgemacht hatte, brauchte sie nicht lange nach geeigneten Motiven zu suchen. Die Fotografin konnte unbesorgt sein, es würden keine gestellten Bilder werden. Wir ließen uns durch nichts in unserer Begeisterung stören. Ich wünschte mir eine Aufnahme von Marlene - und ich achtete darauf, daß es auch dazu kam.

So hatte ich das Getuschel verschiedener Frauen in der Nähe meines Sitzplatzes überhört. Nun schaute ich sie unsicher an. Ihr Blick wies mich auf die Stelle auf dem Tisch neben meinem Glas. Dort lag jetzt ein Blatt, das ich bislang nicht bemerkt hatte. Renate drängte: „Na, sieh nach, was das ist!" Sie machte einen erwartungsvollen Eindruck dabei.

Neugierig faltete ich das Blatt auseinander und fand ein Gedicht, ein längeres Gedicht, geschrieben von Christine. Ich lehnte mich vor Überraschung fest in meinen Stuhl zurück. Schnell erfaßte ich die Verfasserin. Sie lächelte mir zu und sagte: „Lies doch endlich was da geschrieben steht!" Sie wirkte selbstsicher.

Ich fühlte, wie die innere Anspannung in mir wuchs. Flüsternd sprach ich die ersten Strophen des Gedichtes vor mich hin. Als ich aufsah, baten mich die Frauen, den Text laut darzubieten. Wieder versuchte ich, meiner Erregung Herr zu werden. Dann las ich klopfenden Herzens und mit belegter Stimme:

Gedanken zum Geburtstag
(aufgeschrieben für eine Mitpatientin)

1. Eins, zwei, drei im Sauseschritt,
es läuft die Zeit, wir laufen mit.
Dies wollt uns Wilhelm Busch einst sagen,
doch heut haben wir an Dich ein paar andere Fragen:

2. Hast Du bedacht, wie rasch die Zeit vergeht?
Wie hurtig die Uhr des Lebens sich dreht?
Kämpfst Du beständig um neuen Mut?
Ja, ich denke, dann wird alles gut!

3. Empfindest Du Deine Stunden als Freude, nicht als Last?
Merk auf, was Du damit geleistet hast!
Öffnest Du für andere gern Dein eigenes Ohr?
So kommt Dir das Dasein gleich viel sinnvoller vor!

4. Weißt Du mit Deiner Zeit auch umzugehen?
Ich möchte Dir sagen: Sie ist wertvoll und wird vergehen.
Wollen Dich manchmal Ärger und Sorge unterkriegen?
Glaub mir, mit ein wenig Zuversicht lassen sie sich besiegen.

5. Einmal im Jahr man sich solchen Fragen stell!
Schon dreht sich das Lebenskarussell ganz schnell!
Geburtstag nennt man diesen Augenblick.
Er mahnt Dich: Blicke vorwärts, nur selten zurück!

6. Wiegenfeste sind zum Nachdenken, aber auch zum Feiern da,
darum genug der Fragen, dafür alles Gute im neuen Jahr!
Wir sitzen bereits in liebgewordener Runde,
und hoffen, es wird für uns eine frohe Stunde!

Kurheim „Bergeshöh"
Christine im Auftrag aller Mitpatientinnen

Zunächst sprach ich kein Wort. Im Raum war Ruhe eingezogen. Die ernsten, aber dennoch optimistischen Gedanken der einzelnen Strophen sprachen allen aus den Herzen. Einen überaus glücklichen Augenblick meines Lebens hatten mir die Frauen damit beschert. Ich fühlte, daß ich ihn nie vergessen könnte.

Zu Hause, wenn die Familie zur Weihnachtszeit einträchtig beieinander saß, war mir auch immer warm und wohl zumute. Aber dieses Gefühl war doch ungleich schöner, bewußter. In diesem Sinne bedankte ich mich bei allen Frauen. Dazu hatte ich Grund. Schließlich beinhalteten die Strophen unendlich wichtige Gefühle für mich, für uns alle, solche, um die wir gemeinsam gerungen und gestritten hatten. Als ich merkte, daß bei mehreren von uns die Tränen blitzten und meine Knie noch weicher wurden, erhob ich noch einmal mein Sektglas. Wir tranken auf die Gesundheit und auf unseren Kampf um diese. Dabei schaute ich in die Richtung, wo sich Marlene, die Schwester und für einen Moment der Doktor niedergelassen hatten. Erleichtert nahm ich in der Runde Platz, die ausgelassene Stimmung kehrte wieder ein.

Der Doktor, der schon zum Verlassen der Feier angesetzt hatte, blieb noch eine Weile unter uns. Eben ließ Barbara einen Witz vom Stapel, und damit brachte sie den einzigen Mann unter uns in Verlegenheit. Dieser gab zurück, was er vermochte. Marlene konnte sich vor Lachen kaum halten. „So kenne ich Sie gar nicht", wandte sie sich an den Arzt. „Ja, da können Sie mal sehen, was Sie versäumt haben!" gab er schlagfertig zurück. „Diese Frauen bringen mich noch einmal zum Ruin", meinte er beisteuern zu müssen. Es war das Signal für seinen Aufbruch. Der nächste Kurdurchgang drängte nach Vorbereitung. Mit der Ankündigung, daß wir uns zum Abschiedsabend sehen würden, entschwand er. Eine Lachsalve flog ihm nach. Und es gab an diesem frohen Abend noch mehrere davon, bis die Schwester mahnend auf die Uhr sah. Das war zu akzeptieren. Doch in meinem Dachstübchen blieb ich nicht lange allein.

Christine kam unter dem Vorwand, nicht schlafen zu können, als erste zu mir. Lange dauerte es nicht, dann erschienen wie selbstverständlich auch Andrea und Barbara. Wir setzten uns vor das geöffnete Fenster. Aus der Ferne schlug die Kirchturmuhr 23 Uhr. Noch eine volle Stunde saßen wir beieinander, ohne große Worte, um den Abend ausklingen zu lassen. Aber ein paar Erinnerungen an die beinahe hinter uns liegende Kurzeit wurden trotzdem wach. Noch hatten wir Gelegenheit, gemeinsam darüber zu reden. Bald würde eine jede mit ihren Gedanken allein sein. In uns war das seit Wochen keimende Pflänzlein gegenseitigen Verstehens zu einer beachtlichen Pflanze herangewachsen. Darüber freuten wir uns ehrlichen Herzens. Glücklich verabschiedeten wir uns für diesen Abend.

Ich fand in meinem Bett keine Ruhe. Aber diesmal nahm ich das ohne Verdruß in Kauf. Leise erhob ich mich, um ein paar Zeilen an Frank zu schreiben. Vielleicht käme danach der Schlaf, wenn ich mein übervolles Herz ausgeschüttet hatte. Außerdem erwartete er Informationen zu meiner Rückkehr. So setzte ich mich an den Tisch, an dem meine Ilona vor ein paar Wochen inhaltsschwere Briefe verfaßt hatte. Und ich dachte auch an ihr Tagebuch, das sie zu einem großen Teil hier gefüllt hatte. Ich wartete schon lange auf das angekündigte Zeichen von ihr.

Die Abschlußuntersuchung bei Dr. Michaelis war beendet. Durch ihr allgemein zufriedenstellendes Ergebnis waren die letzten Steine von den Herzen der Patientinnen gefallen. Nun war eine neue Spannung zu verspüren. Gedanken an Daheim verursachten sie, daneben war auch Abschiedsschmerz. Häufig vernahm ich solche Bemerkungen wie: Das tut mir leid! Ob wir uns jemals wiedersehen werden? Was wird aus uns werden? Schade, daß diese schöne Zeit so schnell vergangen ist! -

Die letzte Nacht in meinem „Vogelnest" war vorüber. Ich hatte keine Erholung finden können. In mir herrschte Unruhe. Warum eigentlich? fragte mich meine innere Stimme. War die Zeit Deines Kuraufenthaltes nicht erholsam und zugleich lehrreich für Dich? Was willst Du noch mehr? Aber ich mochte jetzt nicht länger darauf eingehen. Hastig sprang ich die Stufen zum Speisesaal hinunter. „Unsere Henkersmahlzeit", scherzte Andrea. In ihren Augen las ich Wehmut. „Was sind wir Frauen nur für Pfeifen!" versuchte sie, unsere gemeinsame Abschiedssituation drastisch zu überbrücken.

Das letzte Frühstück verlief schweigsam. In der Diele standen die prallgefüllten Koffer unwiderruflich zum Abtransport bereit. Auch sie mahnten zum Abschiednehmen. Noch einmal ein paar Worte des Dankes an diese wunderbaren Menschen des Heimes, gesprochen von Andrea, und ein allerletzter kleiner Spaziergang durch den vertrauten Kurpark - das mußte sein! Von meinem liebgewonnenen Blick aus dem Fenster des „Vogelnestes" hatte ich mich ohnehin bereits getrennt.

Am Eingang, nun besser am Ausgang des Heimes, entdeckte ich Marlene. Offiziell hatte sie schon während des gestrigen Abends Abschied genommen - gemeinsam mit den Schwestern und Dr. Michaelis. Nun ließ sie es sich nicht nehmen, uns ein letztes Lebewohl zu sagen. Unter ihrem linken Arm klemmte ein Stapel von weißen Briefumschlägen. Sie machten mich neugierig. Eben verteilte Marlene diese an die Frauen. Keine ließ sie dabei aus, auch mich nicht.

Als ich den Umschlag öffnete, bekam ich meine eigenen Ratschläge zu lesen, die ich während der Kur gesammelt und aufgeschrieben hatte. Darunter hatte die Psychologin persönliche Gedanken für mich und meine Zukunft festgehalten. Auch die anderen Patientinnen waren hocherfreut über diese Idee, verstauten behutsam ihre Briefe, als wären sie ein wichtiges Dokument.

Ich freute mich, ja, ich war stolz auf meinen Erfolg! Ich konnte auf diese Weise Erfahrungen und Anregungen weitergeben zu einem guten Zwecke. Meine Blicke umspannten noch einmal die schlanke Gestalt Marlenes, wie ich es in den letzten Wochen oft getan hatte. Ich suchte ihre Augen, und ich fand in ihnen Zustimmung und unendlich viel Verständnis. Würden wir das letztere auch später zu Hause bekommen? Ich durfte damit rechnen. Frank würde mit Sicherheit am Bahnhof sein - ein schönes Gefühl, erwartet zu werden!

Ohne es zu bemerken, waren meine Gedanken vorweg geeilt - und sie taten gut daran. Jetzt würde ich all die kleinen und großen Abschiedsszenen besser überstehen. Nun noch den bekannten Berg abwärts! Unser Berg - ja, er war in den letzten Wochen unseres Lebens eine Festung gewesen - ähnlich einer einsamen Insel, die uns abschotten konnte von einer hektischen und ungesunden Welt. Jetzt kam diese mit Volldampf wieder auf uns zu mit all ihren Tücken und Problemen. Würden wir ihnen gewachsen sein?

Ich hatte nicht vergessen, daß ich die Frauen beim Abstieg beobachten wollte. Mir standen der allererste mühevolle Aufstieg und die überaus besorgten Mienen der Frauen deutlich vor Augen. Und ein Vergleich schien nicht schwer! Es war nicht zu übersehen, daß wir alle körperlich und seelisch an Kraft gewonnen hatten. Mit mehreren von Ihnen schaute ich noch einmal zurück zur „Bergeshöh". Nur ein paar Abergläubische hatten nicht den Mut dazu. Dann aber richteten sich auch unsere Sinne nach vorwärts.

In meinem Inneren fühlte ich Wärme und Glück aufsteigen. Möge diese optimistische Einstellung von langer Dauer sein! wünschte ich allen Frauen und auch mir selber. Es war wie ein Bedürfnis.

Am Hauptbahnhof der Kreisstadt trennten sich die Wege endgültig. Um nicht mit den Tränen kämpfen zu müssen, war ich still und leise verschwunden. Manche verabschiedeten sich nun schon das dritte Mal voneinander.

Nun saß ich wieder alleine in einem Zugabteil. Erneut erstand Ilona vor meinem geistigen Auge. Ich sah sie weinen und auch lachen - und ich hatte Sorge um sie.

Wie erwartet, war sofort meine positive Stimme zur Stelle: Weshalb grübelst Du? Freue Dich doch über Deine gesundheitlichen Erfolge und auf Dein Zuhause! Ich gehorchte ihr freiwillig, indem ich ein Buch aus meiner Tasche nahm, mit dem ich mir die Zeit bis zur Ankunft vertreiben wollte. Nur hin und wieder wanderten meine Augen weg von seinen spannenden Seiten über die Felder und Wiesen, die an mir vorbeizurauschen schienen. Sie zeigten um diese Zeit üppiges Grün statt zarten schüchternen Wachstums wie zu Beginn meiner Reise im Vorfrühling. Ja, ich fühlte es überdeutlich, ich war mit der aufblühenden Natur mitgewachsen an Gefühl, an Kraft, an Wissen, an Lebenswillen. -

Wieder lehnte ich mich aus dem Fenster eines Waggonabteils. Er brachte eine Gereiftere zurück zu Frank. Immer größer wurde seine Gestalt, während der Zug in den Bahnsteig einfuhr. Als ich die Abteiltür öffnete, hörte ich ihn fragen: „Wie geht es Dir?" Ohne eine Antwort abzuwarten, blickte er mir in die Augen und strahlte über das ganze Gesicht. Ich aber brannte darauf, ihm zu bestätigen, wie wunderbar ich mich fühlte. Am liebsten hätte ich ihm alles auf einmal mitgeteilt, was mein Herz so überglücklich schlagen ließ.

„Wir wollen jeden Tag der uns noch verbleibenden Zeit bewußt durchleben", hörte ich mich mit aller Klarheit sagen. „Ich werde ein Buch über meine vielen Erlebnisse und tiefen Empfindungen schreiben!" - Frank nickte freudig. Beschwingten Fußes verließen wir den Bahnhof, um endgültig einer neuen Zukunft entgegenzugehen.

Das Leben - es ruft Dich, es ruft mich, es ruft uns alle immer neu!

Die Zeichnungen von Walter Gemm wurden
aus dem Bildarchiv seiner Witwe Annemarie Gemm
ausgewählt.
Die für den Umschlag verwendete „Harzlandschaft im Herbst"
war das letzte Bild des Künstlers, entstanden am 7. Oktober 1972.

Die Deutsche Bibliothek - CIP-Einheitsaufnahme

Gerstendörfer, Doris:
Die Frauen vom Berg oder hohe Zeit für Empfindungen / Doris
Gerstendörfer. - Oschersleben : Ziethen, 1995
ISBN 3-928703-53-6

39387 Oschersleben, Friedrichstraße 15a
Telefon & Telefax (03949) 4396
1995
Satz & Layout: dr. ziethen verlag
Druck: Halberstädter Druckhaus
ISBN: 3-928703-53-6
Gedruckt auf umweltfreundlich chlorfrei gebleichtem Papier.